Guillaume Néry
En collaboration avec Luc Le Vaillant

Profondeurs

ARTHAUD

87, quai Panhard-et-Levassor
75647 Paris cedex 13

ISBN : 978-2-0813-0603-5

Sommaire

À Julie et Maï-Lou
À mes parents
À Loïc

« Disparaître dans l'eau profonde ou disparaître dans un horizon lointain, s'associer à la profondeur ou à l'infinité, tel est le destin humain qui prend son image dans le destin des eaux. »

Gaston BACHELARD, *L'Eau et les rêves*

1

Inspiration (préparation)

La vie d'un homme

La vie d'un homme est l'intervalle entre sa première et sa dernière respiration.

Mes plongées se déroulent entre une dernière et une première inspiration.

Il y a là un chemin inversé, une voie explorée en contre-allée, une rupture avec le bon sens qui veut que respirer soit d'une évidence jamais sondée, d'une banalité nullement remise en cause, jusqu'à la dernière heure qui promènera un miroir au-dessus des lèvres bleuies et déduira de l'absence de buée sur la glace que le dernier souffle est rendu.

Depuis dix-sept ans, mes moments les plus soufflants, les plus intenses, se déroulent bouche close, nez pincé, sans mot prononcé, ni joues embrassées. Il y a une perte volontaire de certaines sensations pour un affinage royal d'autres sens, d'autres sentiments.

Je vis en apnée, et les parfums me sont interdits pendant les quatre minutes qui me mènent et me ramènent de haut en bas et de bas en haut.

Je vis dans l'eau salée, et je n'en goûte jamais l'amertume. Je vis en cargo de chair et d'os, transportant précieusement quelques litres d'oxygène et de gaz carbonique, qui se diluent dans les membrures de mes terminaisons nerveuses, dans les pistons de mon moteur indigène, dans les châteaux arrière de mes synapses syncopées.

Je vis en arpenteur des soubassements d'un monde caché, ajustant mètre à mètre dans le viseur de mes yeux clos le plan porteur d'une architecture de l'univers.

Je vis en respirant large et grand, habité par le souffle des hommes, sans jamais laisser expirer mes envies de comprendre d'où je viens et où je remonte, homme vertical aux questions en bulle de savon.

Matin gris

Le matin d'une plongée, le réveil se fait lentement.

C'est comme s'il n'était pas vraiment nécessaire de s'éveiller.

C'est comme si la descente allait mieux se passer si la nuit continuait un peu, si le sommeil n'était pas forcément balayé par les sorcières de l'activité, si les rêves et les cauchemars continuaient à se poursuivre comme gendarmes et voleurs, si l'onirisme était plus intéressant que le dolorisme pour parvenir, à la fois, à se lester l'esprit et à se libérer les neurones.

Je me lève, vais pisser, puis me lave les dents.

Je fais quelques salutations au soleil. J'enchaîne douze postures de yoga qui rythment la respiration. Je fais tout ça lentement, sans grand investissement ni intérêt réel. Ne me parlez surtout pas de réveil musculaire, ni de cure de vitamines, et encore moins de gymnastique musicale avec les braillements des scies de NRJ ou les jingles de l'info anxiogène.

Je suis un peu absent, pas très concerné. Inutile de me parler, je réponds à côté. Je laisse planer l'incertitude sur ma présence au monde et le doute sur ma connexion aux vibrations 4G de l'humanité activée.

Au petit déjeuner, je grignote les quatre coins des biscottes de ma distraction. Je ne dis pas grand-chose, je me mets en mode économie d'énergie, corps et esprit en basse consommation.

Tout cela n'est pas juste le naturel du mal luné, la gestuelle en savate d'un levé du mauvais pied. Tout ce ramollissement de la volonté, tout cet abandon des interactions, nécessite un lâcher-prise, un laisser-faire, un laissez-passer propres aux économies post-libidinales.

Paradoxalement, il faut un peu se forcer à garder son corps au ralenti. Il y a un choix de la lenteur qui est fait et auquel il faut se tenir, sans excès de musculation de la décision.

Je mets un filtre à mon identité sociale. Ne venez pas solliciter mon attention !

J'ai eu longtemps un problème de concentration. Histoire de faire comme si tout cela n'était pas si grave, comme si tout cela n'était rien, je rebondissais de groupe en groupe, balle dure cognant contre le mur d'un squash humain et qui fendillait les murs de l'aquarium communautaire.

Je parlais, je blaguais.

J'étais le tout fou, le jeune loup, le chien-garou. Je m'emballais comme il m'arrive de le faire en soirée, j'étais l'excité de service, l'animateur mal dégrossi.

Je versais dans le superlatif, dans l'émotion, dans l'autodérision, puisque tout cela était un plaisir mineur, sans enjeu majeur.

J'ai fini par ne plus me raconter d'histoires et par aborder les choses par leur versant raisonné. Oui, tout cela n'est pas bien grave et il y a des choses plus importantes, des drames et des désastres bien plus terribles qui sadisent cette terre de misère.

Oui, il faut apprécier ce que l'on entreprend et c'est l'un des moteurs de l'affaire.

Oui, il faut éviter de sacraliser l'exercice, de le ritualiser comme s'il devenait de l'ordre du religieux, de la croyance.

Mais non, il ne faut pas aborder tout cela comme qui rigole.

Non, il ne faut pas surjouer le dilettantisme quand on sait bien que la discipline requiert concentration et relâchement, préparation et détachement, évaluation et investissement.

J'ai cessé de ricaner devant ceux qui se mettaient en tailleur deux heures avant pour cueillir la fleur de lotus de leur mental.

J'ai arrêté de fonctionner comme un gamin tête en l'air qui se souvenait trente minutes avant l'heure qu'il avait une obligation un peu particulière et qu'il était peut-être temps d'arrêter ses bêtises.

Rompant avec la théorie yogi comme avec la stratégie « dédramatisons », j'ai réalisé que ce qui me réussissait le mieux était de me mettre en mode apaisé dès le lever.

Routine

Les derniers compétiteurs, ceux qui descendent au plus bas, partent en général vers 13 heures.

Sur le coup des 11 heures, je mange une barre de céréales et j'entre pas à pas dans un compte à rebours qui n'a rien de celui d'un thriller. Au contraire, je m'applique à cultiver cette léthargie dans laquelle j'étire ma paresse feinte.

Auparavant, je fonctionnais comme un sportif qui échauffe son corps, qui dérouille ses articulations, comme un danseur qui répète les enchaînements pour déclencher des automatismes et tenir en respect l'angoisse.

Je me mettais à l'eau quarante minutes avant le top départ. Je faisais deux, trois descentes à 10-15 mètres, et puis une autre plus profonde à 30 mètres, avec peu d'air dans les poumons pour mieux les habituer à la pression qu'ils subiraient en grande profondeur.

J'agissais exactement comme un sprinteur qui se cale dans les starting-blocks pour tester sa réactivité ou prolonge un peu sa phase de poussée, pour bien huiler sa foulée et anticiper les sensations qu'il faudra réactiver.

Ce moment d'échauffement était un temps d'introspection, un instant de doute et une tentative de réassurance. Suis-je dans un jour avec ? Est-ce que mes sensations sont bonnes ? Est-ce que mon esprit est au diapason de mon corps ?

Désormais, je ne fais plus rien du tout, presque plus rien du tout, seulement des exercices de respiration pour préparer mes poumons et la cage thoracique à la déformation qu'ils vont subir à – 125 mètres. En revanche, aucune plongée *a minima*, aucune apnée.

Je ne mets plus la tête dans l'eau. Je ne m'asperge même plus la nuque comme le faisaient nos grands-pères, à qui on avait appris qu'on évitait ainsi le choc thermique, qu'il fallait refroidir le lézard surchauffé des plages pour en faire un gardon frais au cerveau réfrigéré.

La plupart du temps, le lieu de la compétition est à une encablure de la plage. En Grèce, à Kalamata, il faut dix minutes de bateau. Aux Bahamas, c'est encore mieux. On atteint la plate-forme en une minute de brasse tranquille, nez au vent, telle une mamie qui ne voudrait pas ruiner son indéfrisable.

Diving reflex

William Trubridge, l'un de mes concurrents les plus coriaces, est à l'origine de cette évolution des comportements.

Le *diving reflex*, ou réflexe d'immersion, est un mécanisme inné qui se déclenche chez tout humain quand il plonge. Deux phénomènes s'enclenchent quand l'homme se fait poisson.

1) La bradycardie. Le visage comporte des capteurs sensibles au froid. En contact avec l'élément liquide, ces capteurs mettent l'organisme dans une logique d'économie d'oxygène. Le rythme cardiaque chute. Entraîné, l'apnéiste baisse plus vite ses pulsations que le terrien moyen, mais le principe est le même. Mon cœur bat à 40, 42 pulsations par minute au réveil. Je suis à 60 pulsations avant la plongée. Et très vite, dans l'eau, ça baisse à 30 pulsations.

2) La vasoconstriction périphérique. Dès que l'on met le visage dans l'eau, le sang se retire des extrémités et se concentre sur les éléments vitaux, le cœur, les poumons, le cerveau. L'organisme réalise qu'il doit s'adapter à un environnement nouveau, qu'il doit muter pour se défendre. Il économise l'énergie disponible et polarise son attention sur les organes principaux, qu'il préserve, qu'il chouchoute.

Ce réflexe d'immersion, nous l'avons en commun avec les mammifères marins. Eux sont capables de faire battre leur cœur cinq fois moins vite, passant de 50 à 10 pulsations minute, mais le principe reste le même.

Loïc Leferme, mon ami disparu, le modèle de mes débuts niçois, ainsi que Pierre Frolla, ami et champion d'apnée monégasque, ont participé dans les années 2000 à une étude comparative avec les otaries, pour mettre en évidence ce mécanisme.

L'idée de Trubridge est de faire confiance aux automatismes innés du corps plongé par surprise dans un liquide d'une température inférieure à la sienne, plutôt que de tenter de l'adapter à une nouvelle demande, de le préparer à un nouvel élément.

Trubridge pense que l'échauffement à base de plongées peu profondes envoie un signal négatif au corps. Ça lui ferait croire que son propriétaire prend les choses en main. Déresponsabilisé, le corps retarderait le moment du réflexe d'immersion.

Pour Trubridge, mieux vaut ne s'exercer en rien, pour que le réflexe d'immersion retrouve ses fondamentaux pavloviens et fonctionne de but en blanc.

J'ai adopté cette méthode et je m'en trouve bien. Faire l'économie des petites plongées me rend physiquement plus frais, plus demandeur, plus partant.

Psychologiquement, le fait d'y entrer en une seule fois, de se jeter littéralement à l'eau, me signale que je suis requis, qu'il n'y a plus d'atermoiement, de négociations à entamer avec mon surmoi.

Tutoyer les profondeurs sans préalable est le résultat d'un long processus d'adaptation. Je plonge depuis dix-sept ans. Mon corps est façonné par l'océan et me permet cette technique. À ne surtout pas pratiquer sans de longues années d'expérience !

Je suis sur le dos, les yeux au ciel, filtrant le soleil entre les cils, et je me dis : « On va bien voir. »

Je ne suis pas un sportif qui cherche à développer ses muscles pour ses performances. Je suis un mammifère humain qui doit exhumer des capacités qu'il possédait quand il était cousin des mammifères marins.

Il ne s'agit pas de renforcer des facilités, de multiplier des compétences, d'exiger de la puissance. Il s'agit de libérer des archaïsmes, d'ouvrir des potentialités, de se couler dans un élément connu de longue, longue date.

Il faut essayer de retrouver une boîte noire que nous avons tous possédée dans les temps immémoriaux, que nous avons laissé perdre par négligence ou que nous avons troquée contre d'autres aptitudes.

Cette boîte noire disparue au fond de chacun, au fond de l'océan qu'est chaque humain, nous ne sommes que quelques-uns à la rechercher, moins encore à la trouver. Pire, une fois le trésor exhumé, souvent nous réalisons que le mode d'emploi nous manque.

Le décryptage se fait à tâtons ; selon la chance et les talents qui nous sont concédés. Et même les plus demandeurs, même les mieux dotés s'aperçoivent que le logiciel est malaisé à utiliser, que le code résiste aux meilleurs hackers en combinaisons isothermes.

Ne pas s'hyperventiler

On croit souvent que les apnéistes doivent ventiler à outrance jusqu'à s'époumoner avant de plonger. Que cela leur permet de maximiser leur stock d'oxygène. Que l'oxygène est le seul carburant et que, sans ce pétrole humain en abondance, ils ne parviendront pas au bout de la route.

On a pensé longtemps que l'hyperventilation avec poumons portés au rouge était une pratique nécessaire, indispensable, recommandée. On s'est rendu compte qu'il n'en était rien.

Notre activité est jeune et il est normal que les évidences du passé deviennent les énormités d'aujourd'hui. Et il est possible que les recettes admises actuellement deviennent la risée des apnéistes du futur.

L'hyperventilation est un faux ami. Se gaver d'oxygène paraît intelligent. On en absorbe une grande quantité, donc on devrait tenir plus longtemps sans respirer. Cela paraît une démarche de bon sens. Mais la machine corporelle a ses limites. Une ventilation calme et profonde suffit à saturer l'hémoglobine en oxygène. L'hyperventilation n'amènera pas d'O_2 supplémentaire à l'organisme. En revanche, cela éliminera le CO_2 de son sang.

L'ennui, c'est qu'à se défaire du CO_2, le seuil de la douleur recule. En réalité, on débranche l'alarme, on minimise la sensibilité des capteurs, on modifie l'équilibre interne.

C'est l'augmentation du taux de CO_2 dans le sang qui donne la première alerte, la première envie de respirer, pour nous rappeler que nous ne sommes pas poissons. De plus, reculer l'alerte freine le mécanisme du réflexe d'immersion qui réserve l'oxygène aux fonctions vitales.

En apnée profonde, dans ma discipline, le poids constant, les bras sont fixes, tendus au-dessus de la tête. Mais les jambes travaillent, les abdos ondulent, les lombaires accompagnent le mouvement. Quand le réflexe d'immersion s'installe, le sang quitte la périphérie du corps et se concentre dans le cœur, le cerveau et les poumons. Les muscles fonctionnent en privation d'oxygène. L'acide lactique coule à flots, ça fait mal, ça brûle, mais c'est bon signe ! Le mode survie est activé.

À l'inverse des autres sports, nous ne cherchons pas à repousser les montées d'acide lactique. L'acide est notre ami l'espace d'un voyage, preuve que l'O_2 est en lieu sûr.

Qu'importe si nos bas morceaux souffrent, tant que le cerveau conserve un clair panorama de l'ensemble du dispositif.

C'est un peu comme dans ces voitures hybrides où le mental pourrait suivre sur son tableau de bord l'évolution du corporel. Comme dans les Prius, un schéma évolutif se projette sur nos Google Glass imaginaires, sur nos écrans de contrôle d'hommes plongeants. Il nous montre les niveaux de consommation sanguine, la part de l'énergie fossile, de l'électrique, du kinésique, le relais que prennent les uns et les autres, les transvasements, les compensations, les alertes qui fument orange, puis rouge.

Faire la carpe

Au matin de la plongée, j'ai échauffé mon diaphragme, je l'ai malaxé, étiré, fait monter, fait descendre.

Tout au long de l'attente, je continue à faire travailler ce muscle, à le mobiliser, pour garder sa flexibilité.

Je prends une inspiration la plus profonde possible, je remplis à ras bord mes poumons. Neuf litres d'air les gonflent en ballons de baudruche quand ma capacité moyenne au repos est de 5 litres et quand, tout au fond, ils seront comprimés et contiendront moins d'un litre.

Parvenu là, je bloque et je tète l'air avec la bouche en cul de poule, respirant comme une carpe, faisant des bulles comme ce poisson au fond de son lac. D'ailleurs nous appelons cette technique la « carpe ».

En jouant de la glotte, je parviens à comprimer l'air dans mes poumons. Je peux y ajouter entre 1 et 2 litres d'air supplémentaires, ce qui fait la différence par plus de 120 mètres de fond.

Ensuite, je me vide complètement, tentant d'essorer mes poumons du dernier centilitre de gaz qui pourrait encore y être retenu, un peu comme une lavandière tordant les draps après les avoir battus à la rivière.

Et c'est comme si je me débrouillais pour plier en quatre ces deux masses spongieuses et les faire tenir dans un espace trop petit pour elles, à la façon des hommes caoutchouc entrant dans une malle et s'y contorsionnant pour que le couvercle puisse se rabattre sur leur échine.

Algue languide

Il reste trois minutes avant le départ. Je me laisse glisser depuis la plate-forme et me rapproche de ce que l'on nomme le câble mais qui est, en fait, une corde d'escalade.

Je tiens à m'y rendre par mes propres moyens quand d'autres, pour s'économiser absolument, se laissent prendre sous les aisselles et véhiculer par deux assistants jusqu'à la zone de départ. C'est un peu comme si, avant d'avoir commencé, ils se faisaient porter pâles en grands blessés de la vie, en fleurs vénéneuses déjà fanées.

Si je ne suis pas capable de me rendre sur zone par moi-même, c'est que je ne suis pas capable d'aller au fond.

Je me rallonge, toujours sur le dos, visage offert à l'immensité du ciel, yeux mi-clos pour filtrer la lumière, l'eau battant mollement mes joues dans un clapotis heureux. Je m'applique à calmer le jeu, à ralentir le tempo, à descendre en température.

Je suis dans cette posture détendue des endormis, dans ce flottement d'algue languide, dans ce détachement des gisants.

Je suis dans un couffin d'osier, nouveau-né ballotté par le fleuve.

Derniers instants

Mes dernières minutes de terrien ont la langueur d'une respiration qui se ralentit. La masse infinie de l'océan me berce. Au-dessus, le ciel ouvre une porte vers l'infini. Aucune limite, le vertige gagne doucement.

Au câble, j'accroche ma longe de sécurité. Celle-ci est un filin d'un mètre, fait de fil de pêche ultrasolide. Elle affiche une résistance de quatre cents kilos et peut remorquer un marlin.

Le cliquetis du mousqueton lance le compte à rebours. Je me clipse ? Début de la plongée. Je me déclipse ? Fin de la plongée.

Je respire sans excès, sans changer trop fortement mes poumons. J'inspire par le nez et par le ventre. Je bloque trois, quatre secondes. Et puis, j'expire par la bouche. L'expiration est plus longue que l'inspiration. Ça me détend.

J'entends le *tssu, tssu, tssu,* des secondes qui s'écoulent.

Je tiens le câble entre le pouce et l'index, ce câble qui va mener droit dans une autre existence, une autre vie, verticale, à laquelle je me prépare en strict inverse, dans une horizontalité mélangée et maussade, flapie et faussée, avant que la verticalité ne me remette debout, mais sens dessus dessous.

En imagerie mentale, je convoque un moment positif et heureux. Je me revois en Grèce, à Kalamata, partant pour une plongée parfaite. J'entends la voix de la juge à bord du bateau qui égraine le compte à rebours. Je revis le soleil, la mer, la descente et ce sentiment de perfection qui m'enrobait du sucre glace de sa félicité.

Une caméra officielle cible le haut du câble et repère mes doigts, prête à enregistrer le moment du lâcher.

Inspiration (préparation)

Sur la plate-forme, une voix distille les chiffres du décompte. En anglais est annoncé : deux minutes, une minute, trente secondes…

10, 9, 8, 7…

J'expulse tout l'air de mes poumons. Je descends le diaphragme. Je remplis mon intérieur, étage par étage. D'abord, le ventre, que je pousse à l'extérieur en femme enceinte, pour laisser la place au diaphragme qui s'étend vers le bas. Puis il y a la cage thoracique, dont je fais péter les jointures des côtes, les dégondant presque, portes de la perception ouvertes à l'injection du fluide gazeux, et enfin je comble la rasade jusqu'aux épaules, dans les limbes claviculaires.

6, 5, 4, 3…

Maintenant, je fais la carpe. Vingt à vingt-cinq mouvements de glotte pour pousser l'air au fond, comme on bourre une valise qu'on n'arrive pas à fermer. Je sens que ça comprime, j'agis avec prudence, maîtrisant parfaitement cette technique qui peut être dangereuse pour les novices.

Cela peut entraîner œdème, pneumothorax, embolies gazeuses ou autres réjouissances chez celui qui n'a pas de nombreuses années d'expérience.

2, 1…

Je me relâche complètement, je ferme les yeux, je me déconnecte du temps.

0…

Je tiens le câble de la main gauche. Je le lâche et mon corps bascule de droite à gauche. Toujours paisiblement, pour ne pas rompre l'enchantement mollasson que j'ai créé, je quitte la surface et entame la plongée en « faisant le canard ». J'y vais doucement, et tant pis si j'y laisse quelques secondes.

2

Frontières (départ)

L'homme vertical

Je suis un homme vertical.

Il me faut la pente du monde pour me tenir droit et pour descendre en moi, pour avoir envie de m'élever en plongeant au plus profond des flots intérieurs.

J'ai besoin de verticalité, d'abscisse plus que d'ordonnée, de l'aplomb et du piquant des sommets et des gouffres plutôt que de la mollesse étendue des horizons.

Il me faut la fragilité des hauts et des bas, plutôt que la permanence stabilisée des à-plats endormis.

Je n'aime pas les espaces ouverts et interminables, les steppes arides, la toundra gelée, les étendues poussiéreuses du Middle West, les terres à blé de la Beauce et de la Brie, les plages immenses de la côte landaise où les seuls éléments de relief sont les dunes qu'on escalade en trois foulées et les vagues que lève la houle océanique et qu'on franchit en trois brasses coulées.

Je veux La Réunion, ses mornes hauts, ses pentes abruptes, ses ruptures de regard.

Je veux Tahiti, ses volcans insomniaques, ses montées d'Alpe-d'Huez aux antipodes de tout pacifisme pacifié.

Je ne veux pas les Maldives, ces îles en chapelet qui finiront par semer leurs grains de sable dans le continuum des mers montantes, qui dissoudront leurs évanescences nébuleuses dans le grand gargouillis des eaux dormantes.

Je ne veux pas les Maldives et autres archipels sans aspérités qui ne résisteront pas à la lente ascension de ces marées insidieuses, envahissant sans le dire, sans le vouloir, comme par inadvertance, des territoires qui n'auront pas songé à prendre de la hauteur, préférant s'étendre comme on s'endort.

Je ne me fie jamais au moindre altimètre pour évaluer le niveau de ma félicité. Je n'ai pas forcément besoin de métrage exagéré.

Je m'ennuie devant la vastitude des hauts plateaux, sortes de plaines ayant pris l'ascenseur, ayant élevé leur niveau cran par cran, comme si le grand géographe avait tourné la manivelle de leur élévation, et que ça avait grimpé sans gripper, sans grincer.

Pour rejoindre les cénotes, ce réseau souterrain d'eau douce, il fallait survoler le Yucatán, petite jungle basse, humblement plantée d'arbres de 15 à 20 mètres. Eh bien, ça ne m'allait pas. Il y avait trop d'uniformité verdie, un manque de failles ébréchées, de ruptures géologiques et botaniques.

Je préfère l'arrière-pays niçois, le parc du Mercantour. Ça grimpe vite, ça change tout le temps.

On se sent s'élever. On voit la végétation roussir, les pierres apparaître, les arbres se raréfier, les herbes se calciner à mesure, le calcaire granuler sa lumière et nos aveuglements.

On se heurte en permanence aux parois du déboussolement, aux murs de la diversité. Il y a un dépaysement du regard, une agressivité de la géographie qui vous brouille les repères.

On monte vers les nuages, on prend de la hauteur, très vite, sans palier, sans sas, en compressant les sensations. On approche du ciel et ça me transcende.

Les falaises et les tombants

Je suis un plongeur, je suis un homme de l'eau, et pourtant jamais je ne me suis rêvé dauphin, baleine, cachalot.

Je me vois mal homme-poisson ou mammifère marin, quand il est déjà si difficile d'être un mammifère humain et d'échapper au déterminisme de son métabolisme, de sa biologie, de sa psychologie.

À choisir, je préfère être réincarné en aigle royal, oiseau des cimes, en épervier aux sombres pensées. Je veux des hauteurs élevées et des vols en piqué pour enserrer le rat, le mulot et croquer d'autres vermisseaux. Et puis il doit être si bon de prendre les ascendances chaudes de l'été qui vous plaquent aux falaises surchauffées.

Je veux les cumulus de beau temps et surtout le vide du ciel quand il fait bleu, cette lumière que je quitte quand je fore les eaux noires.

Je serai aigle, épervier, faucon, plutôt que l'un de ces pigeons des villes qui font les poubelles de la surconsommation, que l'un de ces passereaux perdus qu'on néglige quand ils frappent aux carreaux de l'attention, que l'une de ces alouettes gentilles et écervelées qui finiront pâté de têtes vidées.

Quand je suis en compétition, je n'ai pas le choix, le câble est mon GPS autoritaire, mon seul itinéraire prioritaire, aucun délestage n'est envisageable.

Mais, dès qu'il s'agit de plaisir, d'exploration, de plongée pour le fun, je recherche les tombants, ces falaises sous-marines.

Au long de ces murs immergés, c'est comme si je venais de passer par la fenêtre du penthouse d'un immeuble de dix étages, que je basculais dans le vide et que je passais en revue au ralenti ma vie en flash-back.

Je suis à l'inverse du type qui s'encourage du classique « Jusqu'ici tout va bien » et tente de tenir en respect la catastrophe annoncée que nous garantit la gravité newtonienne qui l'écrasera, sanguinolent, sur le bitume.

Dans la sous-section sous-marine du monde vertical, il est avéré que jusqu'au bout tout ira bien parce que la réalité est inversée et la chute ralentie.

Ce qui me fascine, c'est d'évoluer comme si j'étais l'acteur d'un de ces films ou d'une de ces publicités où la réalité a basculé et où l'espace vire à 180 degrés. Sous la surface, c'est comme dans *Matrix*.

Je marche au plafond, je gambade sur les poutres apparentes, je saute les murs comme on le ferait des haies sur 110 mètres. Tout est sens dessus dessous, je fais le poirier sur la plus haute branche du pommier de Newton qui pousse racines en l'air et je pourrais tirer la barbichette d'Archimède, si sa théorie ne s'avérait pas invalide passé – 10 mètres de fond.

Dedans comme dehors, sous l'eau comme au-dessus de la surface, j'aime quand c'est pentu, quand cela semble habité par un relief inversé, quand il y a des repères et des perspectives.

Je me raconte que c'est construit, qu'il y a une forme de vie qui prospère au fond, qu'il existe des mondes engloutis qu'il s'agirait d'aller explorer, une civilisation perdue et peut-être extrêmement avancée que je serais le seul à retrouver dans le cœur de ces cités interdites, de ces villes d'Ys englouties.

J'ai besoin de visibilité, de la pureté des ondes que ne viendrait jamais troubler la silhouette ombrageuse du méchant loup de la fable.

Je n'ai aucune fascination pour le néant brumeux, pour les eaux brouillées par les tempêtes ou chargées de sable en suspension, de vase remuée, de boue diluée.

Il me faut des eaux translucides pour distinguer la topographie des tombants. Il me faut voir clair pour rêver dans le noir et mieux bâtir des féeries émeraude et vert, taupe et brun, corail et ocre, qui viendront peupler mon imaginaire, en des délires d'urbanisme marin, avec inversion des proportions et affectation des architectures naturelles à des usages imprévus.

Le sommet

J'avais 4, 5 ans. Ce que je préférais, c'était, lors des week-ends ou des vacances, suivre mes parents en randonnée. Les passants les prenaient pour des fous de me mener si jeune vers les sommets, à leurs côtés.

Il n'y avait aucun danger. Mes parents n'étaient pas du genre à prendre des risques, l'inconscience n'entrait pas dans leurs habitudes, mais ils aimaient crapahuter. Ils m'offraient une place dans leur passion que je faisais plus que partager et nous laissions sur le bord du chemin les recommandations apeurées des « reste en plan ».

Une journée réussie était celle qui me projetait au sommet, qui me permettait de planter mon drapeau de minot sur la hauteur convoitée. De là, j'avais vue sur l'après, sur l'autre côté du monde.

Parvenu tout en haut, je pouvais enfin m'asseoir sur le rebord de mon attente d'autre chose, je pouvais enfin donner de l'ampleur à mon envie.

Après une rude montée, les yeux baissés sur les mollets qui me précédaient, je pouvais enfin me redresser et contempler l'univers déployé sous mon regard.

L'effort consenti ouvrait un futur, le faisait exister pleinement. Ce qui n'aurait pas été le cas si nous avions failli à notre projet, si nous avions dû en rabattre.

Je détestais m'arrêter en cours de route, faire halte avant que le pic prévu n'ait été atteint. Je n'aimais pas les escales, les reports, les « il est tard », les « il est temps de rentrer », et même les aléas météo me laissaient de marbre, campé sur mon obsession.

Aujourd'hui encore, il m'est insupportable de faire demi-tour avant l'arrivée au sommet, quel qu'il soit. Un goût d'inachevé me reste en bouche, même lors d'une balade en famille.

Je préférais un sommet de seconde catégorie mais qui en imposait dans son genre et dans sa solitude, plutôt qu'un lieu de transit, un col de passage, un refuge d'où voir partir des cordées adultes, escapades plus impressionnantes en matière d'effort demandé, plus engagées dans l'esprit, mais qui, pour moi, restaient des entre-deux, des lieux mineurs, car surplombés par d'autres chaînes de montagnes, par d'autres arêtes faisant de l'ombre à mon besoin de réussite.

L'escalade me fascine, les montagnards m'impressionnent. J'ai lu les romans de Frison-Roche, les récits des expéditions comme *Annapurna, premier 8 000*, et je connais les itinéraires de Lionel Daudet ou de Chantal Mauduit.

Il y a des parentés entre escalade et apnée. En montagne, on répète des voies, on les équipe, on les mémorise avant de se lancer. En Himalaya, on progresse du camp de base vers les camps 1, 2, 3, 4, 5, histoire de s'accoutumer à la raréfaction d'oxygène.

En apnée, on avance pas à pas, on fait des descentes de plus en plus profondes. Il est impossible de se lancer et de plonger à – 125 mètres sans avoir petit à petit apprivoisé le grand fond, accoutumé ses poumons à la compression.

En altitude comme en profondeur, on pénètre dans des mondes extrêmes où les sensations sont autres, où les repères se diluent, où guettent les esprits farceurs comme les sensations troubles.

Celui qui grimpe est le frère de celui qui descend. L'un et l'autre coupent avec le monde horizontal. Ils ont les mêmes aspirations, les même inspirations, la même difficulté à respirer paisiblement au niveau zéro de l'exaltation.

Vers le haut, vers le bas, ils s'extraient d'une normalité respirable, où la pression atmosphérique s'équilibre à 1 015 hectopascals. Cette neutralité, à bas bruit et de faible valeur, réconcilie dépressions et anticyclones. Elle les annule pour que sombrent les êtres et leurs ambitions, les hommes et leurs folies, dans le marais barométrique de l'à-quoi-bon, du « tout cela ne sert à rien », du « mieux vaut n'en rien faire ».

À refuser la fadeur, l'apaisement, on prend, à raison, le risque de se perdre, de chuter de haut, de ne plus pouvoir remonter à la surface, de se brûler les ailes, de se déchirer les poumons, de déplumer les phénix renaissants, de desquamer la queue des sirènes.

Vertige

La montagne aurait pu constituer une autre des colonnes vertébrales de mes envies, si j'avais eu un squelette de siamois.

Il y a des parentés entre les deux univers, des parallèles entre ces deux activités.

Il y a ce lien en Spectra, la corde qui vous relie aux autres, ce « câble », sans acier, qui vous guide.

Il y a cette notion d'engagement, de point de non-retour à évaluer, à accepter, à dépasser en toute conscience, en toute connaissance de cause.

Il y a cette même nécessité d'être présent, attentif, concentré sur ce qu'on fait, sur son action, sans divaguer en zappeur aux multitâches divertissantes.

J'ai le fond sportif, la caisse physique, les poumons ailés.

J'ai l'énergie nécessaire pour descendre et j'aurais aussi bien pu m'élever si je n'étais pas sujet au vertige.

Tout cela m'a saisi lors de la traversée d'une via ferrata. La première fois, encore naïf, j'ai dominé la surprise de me retrouver en panique au-dessus du vide et j'ai rejoint, tremblant et blême, le bout du bout.

J'ai voulu recommencer pour tirer au clair ce malaise, pour en savoir plus sur ce handicap tardif. Et là, je suis resté tétanisé en plein milieu, cramponné aux filins, incapable de mettre un pied devant l'autre.

Je suis incapable de me pencher sur le rebord du monde pour contempler le grouillement humain à mes pieds.

Je ne peux pas m'allonger à plat ventre dans le coton du plus somptueux cumulonimbus et, menton dans les mains, talons battant l'air, regarder en bas tourner la planète sur son axe.

Je ne pourrai jamais suivre Sylvain Tesson, escalader les cathédrales pour aller faire risette aux gargouilles, et je ne pourrai jamais entrer dans la ronde des montagnes avec deux de mes fantômes préférés, Patrick Berhault, l'alpiniste, et Loïc Leferme, le modèle de mes débuts, qui aimait suivre Berhault dans ses promenades alpestres.

Loïc avait tenté de m'aider à surmonter ce blocage. J'avais aimé faire de la grimpe en salle, sur des murs d'escalade, musclant des bras assez décharnés qui me complexaient.

Mais, en extérieur, je me retrouvais aimanté par le vide, luttant contre l'envie de me balancer dans le gouffre de ma peur pour en venir à bout, gagné par des suées qui rigolaient jaune entre mes omoplates.

L'air ne porte pas l'oiseau que je ne suis pas encore. L'eau soutient le poisson que je n'ai pas envie de devenir.

L'air m'entraîne dans sa chute, l'eau résiste à mes avances et finit par les bercer chaudement.

De la plate-forme, je surplombe 120 mètres que la noirceur des eaux profondes cache à mes yeux. Si je domine 120 mètres de vide aéré, lumineux, attirant, je me cramponne à la rambarde et je détourne la tête, ne rêvant que de m'enfuir loin de ce supplice. Alors que je me propulse avec délice pour un aller-retour sous-marin vertigineux qui ne me fait ni chaud ni froid, et ne m'angoisse en rien.

Besoin d'eau

Je suis sur le vieux scooter que m'a donné mon père. Je sillonne les rues de Nice, l'esprit encombré de toutes ces obligations qui se multiplient, qui se succèdent à un rythme soutenu et qui finissent par me peser.

Je sens qu'à force de réceptions, de conférences, de rencontres avec les médias, je vais finir par perdre le contact avec les éléments, avec la nature, avec ce qui me constitue.

On est en octobre et je me balade sur le macadam, faisant vrombir le petit engin fatigué qui se glisse en renard aux dents limées, dans les entrailles de la circulation.

D'ordinaire, je choisis plutôt de me déplacer à vélo ou en rollers, histoire d'affiner un physique que je mets aussi au défi en grimpant en apnée les cinq étages jusqu'à l'appartement. Mais là, j'ai choisi la facilité motorisée, et ce renoncement ne fait qu'ajouter à ce mal-être diffus.

Je me rapproche de la mer, repoussant ce sentiment de saturation qui m'oppresse, mécontent de mon emploi du temps trop civilisé, conscient pourtant qu'il me faut sacrifier à un minimum de relationnel, qu'il me faut nouer les contacts qui me permettront de monter de nouveaux projets, de mettre à flot de nouveaux rêves et tout simplement de continuer à vivre de ma passion.

J'ai dépassé le vieux port, je roule sur la corniche en direction de la baie de Villefranche. Je dépasse l'Aigle Nautique, où mon club, le CIPA, a ses locaux. Et là, je pile net.

Je descends de mon scooter. Je dévale les quelques marches qui mènent à l'eau. Je retire mon blouson, mon sweat, mon jean. Et, en caleçon, je me mets à l'eau. Elle est à 20 °C, rien d'héroïque à ce bain tardif en saison. La Côte d'Azur est bonne fille.

Je fais quelques brasses, pique du nez et descends me poser tranquillement, trois petits mètres plus bas, sur les galets gris qui pavent le fond. J'en saisis un gros, bien rond, bien poli, et je m'assois, avec cette belle pierre sur l'estomac. Et là, je calme le jeu, j'apaise les guerres intestines qui me travaillent les viscères, je me reconnecte à l'essentiel et jubile de cette harmonie reconquise.

Lesté par ce caillou que la mer a en bouche depuis des siècles, qu'elle a remâché dans ses ressacs, je contemple la beauté du monde qui est le mien et que je veux faire partager à l'ensemble de la planète. De mon observatoire englouti, ce jour-là, je vois la terre entière comme une grosse boule de beauté bleue que les milliards d'humains oublient trop souvent de regarder sans ciller.

Je me sens partie intégrante d'une terre maritime, où les étangs peuvent devenir polders et les marais garder le sel qu'ils offrent au soleil.

Dans mon trou d'eau en solo, je me sens frère en liquidité d'un univers où les frontières se seraient diluées dans l'acceptation des proximités, dans la réconciliation des confrontations.

Le corps est constitué à 70 % d'eau. La planète, elle aussi, est constituée à 70 % d'eau. Pour que les choses s'arrangent, que baisse le niveau des mauvaises ondes, il faudrait juste que les corps et les planètes se mettent à l'unisson de cette aquaculture, de cette aqua-dépendance, et qu'ils célèbrent l'eau qui est en eux, l'eau qui les fait ce qu'ils sont.

Les mers, les océans, relient les peuples. « L'eau est le principe de toutes choses », nous disait ce cher Thalès. Assis dans mon jardin aquatique, je me connecte aux baigneurs qui, au même moment, partout dans le monde, piquent une tête.

L'eau est un lien spatial et temporel. Ces molécules d'eau qui m'enveloppent sont sur Terre depuis quelques milliards d'années. Celles-ci ont-elles vu la première forme de vie s'animer ? Ont-elles abreuvé un dinosaure assoiffé ? Constituaient-elles la dernière gorgée de Lucy avant qu'elle s'effondre sous le soleil éthiopien, il y a trois millions d'années ?

Où était cette eau qui me caresse aujourd'hui, il y a un an, dix ans, cent ans, mille ans ? Dans les profondeurs du lac Baïkal, emprisonnée dans les glaces polaires, grossissant les flots du Nil, nichée dans les entrailles de la Terre, coulant dans les veines de Bonaparte ?

Chaque molécule d'eau a son histoire, et ça me donne le vertige.

Bain de jouvence

Je pense que je finirai comme ces vieux Niçois qui se baignent tous les jours, qu'il pleuve ou qu'il vente. Je les rejoindrai sur la plage de la Réserve, la plage historique des vieux Nissards.

Comme eux, j'aurai le cheveu blanchi et le bronzage perpétuel, les chairs un peu flétries, les muscles relâchés, mais l'énergie toujours vibrante et l'œil qui frisera quand il discernera les premières vaguelettes.

Sans façon, je quitterai mes habits, que j'entasserai dans un sac de plage laissé à l'abandon le temps de la baignade. C'est comme si un pacte de bienveillance était passé avec les larrons, qui respectent l'effort physique et climatique et évitent d'explorer les musettes peu giboyeuses des hommes nageant, qui n'y rangent que l'essentiel de leur dépouillement, de leur dénuement, gardant à la main gauche leur alliance de marié aux eaux vives.

Demi-nu, sans pudeur excessive, j'enfilerai le maillot de bain élimé aux fesses qui ne comptera plus les années. Légèrement frissonnant, je vacillerai jusqu'à l'eau, sable sombre, gravier coupant, algues glissantes, nourrissantes et mutantes.

Et je m'ébrouerai de ces prudences dès que je retrouverai mon élément constitutif, celui avec lequel je suis en accord majeur : l'eau de mer.

Je ne suis pas un bon crawleur, mais avec l'âge, je m'y mettrai.

Je me souviens que c'est lors d'une immersion ensoleillée que Jean d'Ormesson, grand nageur s'il en est, amoureux des Méditerranées les mieux découplées, s'était frappé le front d'une interrogation métaphysique. Entre deux brasses coulées, il s'était demandé pourquoi il y avait quelque chose, plutôt que rien.

Peut-être que l'heure du bain vaut maïeutique socratique, que prendre les eaux au lieu de les perdre déclenche aussi l'accouchement d'idées.

Eau, là, là !

Dans mon quotidien, je suis assez sourcier, et c'est comme si je me déplaçais avec une baguette de coudrier pour repérer les remontées de la nappe phréatique. Toujours, il me faut trouver de l'eau pour y puiser de l'apaisement et de l'exaltation, de l'équilibre et de l'énergie.

À Nice, depuis mon adolescence, je me débrouille pour trafiquer mon emploi du temps afin de réussir à m'immerger quelques minutes dans la mer. Je n'y vais pas pour le sport, pour la compétition, ni pour pêcher, juste pour la communion avec l'élément.

J'aime qu'il n'y ait pas de frontière entre ma peau et l'eau. Quand je le peux, je me dispense de combinaison. J'aime le côté primitif de ces ablutions. Mon corps réagit, subit, apprécie, résiste, s'adapte. Je me sens vivant.

L'eau participe à mon bien-être. Je me baigne dans l'eau douce des rivières et des lacs de montagne, dans l'eau chlorée des piscines.

Mais l'eau de mer est ma matrice originelle. Elle me relie aux temps anciens, aux autres humains d'hier et d'aujourd'hui, à cette nature violente et superbe que nous avons en commun, à ces 70 % d'une planète recluse sur les 30 % d'une solidité hors d'eau comme si la mobilité et la fluidité des océans ne créaient que du danger et ne pouvaient être apprivoisées, magnifiées, célébrées.

Mon envie, c'est ça : redonner à mes frères d'eau le sens de la beauté, témoigner de l'émotion qui me vient devant le spectacle de la biodiversité. Au moment où il faisait de la télé et ne s'était pas encore brûlé aux feux de la politique, Nicolas Hulot pratiquait un peu ainsi. Dans une émission comme *Ushuaïa*, Hulot s'appliquait à exalter les plus beaux endroits. Il tentait d'y renouer le contact avec la faune et la flore, transmettant la force des sensations recréées.

Mon activité sous-marine me donne la légitimité pour raconter l'inconnu. Je mets mes tripes dans ces descentes aux abysses. De retour de ce qui n'a rien d'un enfer, ma parole est autrement valide, ma voix porte loin.

Je veux réunir l'homme et la nature, les réconcilier, montrer qu'ils ont tout intérêt à faire alliance.

L'homme, surtout, doit accepter sa petitesse, sa finitude. Il doit cesser de vouloir maîtriser la nature, de vouloir la dominer, la transformer. Il doit renoncer à se penser comme le maître du monde, comme la fin première et dernière. Il doit rompre avec le cartésianisme et réaliser qu'il sera toujours soumis aux forces motrices de l'univers.

Je suis assez peu « anthropocentré ». J'estime que la nature aura forcément le dernier mot. À l'inverse des rationalistes et des scientistes, je pense que l'homme n'est que de passage, que la Terre lui survivra et reprendra ses droits quoi qu'il advienne.

Je partage l'angoisse générée par le réchauffement de la planète, je suis conscient de la part humaine dans cette dégradation. Mais je persiste à penser que la nature l'emportera, même s'il est bon que l'homme ne lui complique pas exagérément la tâche. Au final, c'est l'homme qui se pénalise tout seul. Dans la disparition des grandes civilisations, ce sont les hommes qui partent, et les terres qui restent.

J'admire les gens qui se battent pour l'accès à l'eau pour les populations, comme le fait la fondation Danielle-Mitterrand, ceux qui forent des puits dans le désert, ceux qui bâtissent des systèmes d'irrigation.

Moi, je témoigne de la splendeur d'un univers parallèle auquel personne n'a accès. Je sers de guide au public, en lui permettant de s'identifier à mon avatar sportif, à ma deuxième vie marine, en lui permettant de visiter ces domaines cachés depuis la fondation du monde.

3

Retenu (premiers mètres de la plongée)

À la rencontre d'Archimède

Mon « canard » me glisse comme une plume dans le fouillis embrouillé des premiers mètres. J'ondule lentement dans l'eau saturée de lumière, j'écarte les microparticules en suspension.

Ma monopalme semble une queue de castor adaptée aux conditions marines, une nageoire caudale aplatie par les coefficients de pénétration dans l'eau.

Je pense à être efficace, mais je ne force pas. Il s'agit déjà de consommer le moins d'énergie possible.

De 0 à – 10 mètres, la pression augmente violemment. La variation est énorme au début de la descente. Elle s'atténue par la suite, suivant une courbe plus logarithmique qu'exponentielle.

Mes poumons contiennent 10 litres au niveau de la mer, 5 litres à 10 mètres de fond et 1 litre à 100 mètres. P × V = constante. Le poids multiplié par le volume donne une constante. C'est la loi de Boyle-Mariotte.

Autour de – 20, – 25 mètres, le point de neutralité est atteint. Archimède vous dit bonsoir. Mon corps, plongé dans ce liquide salé, ne subit plus la poussée contraire qui l'aurait fait remonter à la surface si je ne m'y étais pas opposé à coup de monopalme. Mes bras ne sont plus projetés en rostre fendeur de flots ; je les ramène doucement et discrètement sur mes flancs et mes battements de jambes prennent une onctuosité de crème anglaise.

Les non-plongeurs découvrent ainsi qu'aucune loi n'est intangible. Et qu'Archimède peut aller se rhabiller quand le métrage augmente.

Les mafieux qui veulent éliminer définitivement le corps de leur ennemi ont intérêt à le lester d'un poids suffisant qui l'entraînera à plus de 30 mètres de fond, s'ils ne veulent pas voir l'intéressé ressurgir et venir les tirer par les pieds.

Et les béotiens seraient bienvenus de se méfier des évidences. Les anges sauteurs mexicains d'Acapulco devraient s'estimer heureux après leur descente aux chandelles le long des falaises de s'être cabrés à temps afin de ne pas atteindre ce point de non-retour.

Tout comme les gamins grecs qui se jetaient à l'eau pour une drachme avant que l'euro ne démonétise cet attrape-touriste savent bien qu'il faut cesser de se perdre dans les eaux fangeuses des ports s'ils ne veulent pas que l'anti-Archimède leur tire la barbichette qu'ils n'ont pas encore et les emporte dans les entrailles de la mer.

Le concours

J'ai 14 ans. Je suis en classe de troisième. Je prends des leçons de tennis avec un copain, Éric. Les courts sont situés bien en dessous de la résidence où nous vivons, sur les hauts de Nice. Il nous faut vingt minutes de bus pour rentrer.

Et c'est là, sur les banquettes fatiguées, tandis que le crépuscule enserre la baie des Anges en contrebas, parmi les salariés qui rêvassent et les vieux à cabas, les jolies filles que nous ne regardons pas encore et les lascars qui nous indiffèrent, que nous inventons un petit jeu de gamins qui va changer ma vie.

C'est à qui tiendra le plus longtemps sans respirer.

Je tiens 1 minute 30. Il réalise 2 minutes 09.

J'aurais pu masquer une moue de dépit, hausser le ton pour cacher mon désagrément et passer à autre chose. Mais je suis horriblement vexé. Je suis un compétiteur forcené. Il n'est pas dit que je vais en rester là.

De retour chez moi, je m'allonge sur le lit et je tente de progresser.

Quelques semaines plus tard, au tennis, Éric ouvre des yeux ronds quand je lui apprends que je continue à m'entraîner et que j'en suis rendu à 4 minutes 18.

Histoire de mettre toutes les chances de mon côté, je me mets nu dans le lit. Je suis persuadé que si ma peau respire, si rien n'entrave cet échange gazeux avec la performance, alors je pourrais tenir quelques secondes de plus.

Parfois, quand il ne fait pas trop froid, j'ouvre la fenêtre en grand, pour que mes poumons et ma peau s'alimentent d'un air plus pur encore.

Il s'agit de se placer dans des conditions plus naturelles, plus connectées avec le plein air. Un peu comme les futurs navigateurs en solitaire dorment sur le plancher de leur chambre, la croisée grande ouverte, pour s'aguerrir.

J'ouvre le *Quid*, une grosse encyclopédie d'actualité d'alors, un genre de Wikipédia de l'époque, et découvre le record du monde d'apnée statique. Il tourne alors autour de sept minutes !

Je me souviens de ce moment, de cette sensation de détenir un secret, une arme, un pouvoir. Moi, jeune ado de 14 ans, je ne suis qu'à deux ou trois minutes du record du monde !

En cours de SVT (sciences de la vie et de la Terre), Mme Duto nous parle des poumons. Loin de ceux qui lorgnent le tour de poitrine des voisines, je me concentre sur le système respiratoire, les poumons, leur capacité, leur fonctionnement. Évidemment, on finit par parler d'apnée. Et je fais un flop total quand j'affirme pouvoir tenir 5 minutes 15. Personne ne croit le mytho de service. Ricanements incrédules, quolibets moqueurs, sourires contrits de ceux qui m'aiment bien.

À la piscine, en cours d'EPS, à la fin de ma troisième, je teste mes capacités en conditions « naturelles ». Je me lance à la sauvage, mais sous le regard averti de mes copains bons nageurs. Ils assurent la sécurité. J'évolue dans la largeur du bassin. J'arrive au mur, 21 mètres, je tourne, je tente de regagner l'autre extrémité. Mais j'ai poussé le curseur trop loin. Je suis au bord de la syncope et me retrouve, tout flageolant et le visage bleui, secoué par le prof de gym qui me lance un sonore : « Alors, le mort ! Ça va mieux ? »

Moins de 40 mètres… Comparé à mes temps en apnée statique, ce n'est vraiment pas grand-chose. Entre la piscine et moi, ça n'a jamais été une grande histoire d'amour. Ça ne l'est toujours pas !

Les sports et moi

J'ai toujours apprécié le goût âcre et pimenté de la compétition. Mais je n'ai pas eu une adolescence hyperactive de sportif talentueux et multifonction. J'ai pris des chemins de traverse pour découvrir la réalité de mon désir.

Vélo

À 12-13 ans, je suis fan de vélo. Ce sont les années 1990, l'époque d'Indurain, de Virenque. Dans les magazines, je découpe les photos de mes coursiers préférés que je colle sur mon cahier de textes.

À la maison, je monte sur le vélo d'appartement et pédale en cadence, avec la télé allumée qui diffuse Paris-Roubaix.

Je me souviens avec jubilation de cet après-midi en solo devant l'écran, arc-bouté sur le pédalier de ces engins d'intérieur assez tartignoles qui ont plus des allures de casseroles grimaçantes que la beauté technoïde des cycles en carbone, aux pignons bien huilés et aux manettes de dérailleur veloutées.

L'été, je le passe dans la Drôme, à Bouvières, dans la maison familiale. Je me prépare toute l'année pour être en forme pendant les quatre semaines où je sillonne les routes sinueuses de la région. Je prépare mon tour de France, comme si je bénéficiais d'un dossard et que j'étais l'un des caïds du peloton. Mes parents deviennent mes premiers adversaires, comme les amateurs rencontrés au fil des cols.

Je prépare le prologue, les contre-la-montre, les étapes de plat, les étapes de montagne. On part tôt le matin pour rentrer à temps en début d'après-midi pour suivre les coureurs, les vrais, ceux du Tour, devant l'écran de télé.

À l'époque, je suis assez enrobé, quasi grassouillet, j'ai de bons cuissots, je n'ai pas encore pris de l'allonge. J'ai un vélo de course premier prix. Qu'importe, à la sophistication du matériel je préfère la simplicité d'un effort brut.

Le but ultime de ces kilomètres avalés est l'ascension du mythique mont Ventoux. Cette même année où je découvre l'apnée, je roule beaucoup et j'atteins un niveau correct.

Sur l'ascension du géant de Provence, côté Malaussène, je double vingt-quatre cyclistes du haut de mes 15 ans.

Personne ne me dépasse. J'en éprouve une aussi grande fierté que de mes 5 minutes 15 sans respirer !

Aujourd'hui, le vélo est toujours mon premier amour. J'y suis revenu sérieusement depuis deux, trois ans. Cette activité est l'un des éléments importants de ma préparation physique en fin d'hiver et au printemps. Je pratique aussi le ski de fond, la randonnée sportive, l'escalade sans trop d'à-pics, la paddle pour la promenade aérée sur la grande bleue.

Football

En primaire, je suis très bon élève. Mais, ce qui me motive le plus, ce sont les deux matchs de foot de dix minutes, joués lors des récrés de 10 heures et 16 heures, avec bien sûr le long match de 13 heures, après la cantine. Du CE1 au CM2, avec ma bande, nous n'avons pas passé une seule récré sans jouer au foot, pas une seule.

Je note tout dans un cahier et tiens le compte des buts marqués.

J'ai une dizaine d'années. Me voilà au stade du Ray. Je me vois déjà attaquant de l'OGC Nice. L'essai est catastrophique. Ma pratique sur gazon, en short et en crampons, va durer une heure trente, tout bien pesé.

En deux mi-temps, je réalise que ce sport collectif, avec ses placements à respecter, ses obligations tactiques, ses hiérarchies non dites, ses postes de porteur d'eau qui reviennent aux nouveaux et ses fonctions de chef d'orchestre qui sont confiées aux petits protégés, ne me convient pas du tout.

Je vais plutôt tâter du judo, du basket, puis du tennis. Sans oublier mon sport préféré : le vélo.

En revanche, gamin, je suis un supporteur invétéré. Je suis un groupie de l'OM, champion d'Europe, celui de 1993, de Boli, de Deschamps.

Je m'entiche aussi des Bleus, qui ne sont pas dans leur plus mauvaise période, loin de là. Je les soutiens en 1998, en 2000, en toute idolâtrie. Et puis, la majorité atteinte, 18 ans venus, je décroche absolument.

Natation

J'ai 9 ou 10 ans. Je fais un test sur 25 mètres. Je nage comme une enclume. Je suis sur le point de boire la tasse. Cette discipline ne sera jamais la mienne, même si j'ai un peu progressé dans ce domaine.

J'arrive à faire illusion, mais je ne suis toujours pas un nageur horizontal qui baratte l'écume et course les Pédalo en trois battements de jambes. Je suis un nageur vertical qui sonde comme une baleine, qui sombre au plus bas avant de remonter au jour en agitant lentement sa monopalme comme on demande à quelqu'un de calmer le jeu, de baisser d'un ton, de ralentir avant le croisement.

Par contre, je m'intéresse au monde de la natation. À Nice, on est privilégié en la matière. Sous la houlette de Fabrice Pellerin, le club local multiplie les performances. Je connais Camille Muffat, Yannick Agnel, Clément Lefert. On se croise, on se salue, on se soutient, on se comprend, on s'apprécie, même si on ne se voit pas si souvent.

En décembre, à La Plagne, les Étoiles du Sport me permettent de côtoyer des personnalités du sport français. Lors de cet événement ludique et festif, j'accroche bien avec Arnaud Assoumani (saut en longueur), Laura Flessel (escrime), Fred Belaubre (triathlon), Stéphane Diagana (400 mètres haies), Tony Estanguet (canoë-kayak), d'autres encore.

Le concept veut qu'un champion accompli parraine un espoir dans sa discipline. Transmission, partage, générosité sont les valeurs fortes de cet événement qui a permis à l'apnée de sortir de sa confidentialité et d'être mise au même niveau que les disciplines olympiques.

En 2004, Loïc Leferme vient de battre son cinquième record du monde. Il est mon parrain et on l'emporte dans la décontraction lors des différentes épreuves qui mélangent endurance, force, adresse, collectif. Je suis élu étoile du sport 2004 ! Preuve que les apnéistes ont quelques qualités physiologiques, que tout cela n'est pas uniquement mental.

Ce souvenir d'un temps heureux, d'un moment sans enjeu, d'une déconnexion savoureuse, m'est d'autant plus cher depuis la disparition de Loïc.

Je suis retourné à de nombreuses reprises aux Étoiles du Sport, rendez-vous aussi attendu que les fêtes de fin d'année. J'y vais afin que la mémoire de Loïc perdure dans la famille du sport français, la famille des Étoiles.

En 2011, année de mon sacre aux championnats du monde individuel, je reviens en tant que parrain, mon ami Fred Sessa est mon filleul. Ce pompier sétois est né en 1985. Il est spécialiste de l'apnée dynamique en piscine. Il a battu le record du monde en 2010 avec 255 mètres et appartient à l'équipe de France comme moi.

Pelizzari ou l'après-Grand Bleu

Cette idée saugrenue de retenir son souffle, de se couper un moment du monde, n'est pas encore devenue un projet, un espoir, celui de jouer les Magellan des tréfonds comme il y eut des découvreurs de surface.

Tout cela aurait pu rester une fantaisie adolescente, une marotte sans suite, une obsession inaboutie. L'apnée solitaire que je pratique à tout-va, dans mon lit, dans ma baignoire, sans références ni tuteurs, sans historique et surtout sans héros, va trouver son incarnation en la personne d'Umberto Pelizzari.

Je découvre qu'*Envoyé spécial* diffuse un sujet sur Pelizzari. Mais c'est à 22 h 15, trop tard pour le collégien que je suis encore.

Je me glisse dans la cuisine, me colle contre la petite télé, baisse le son, zappe sur France 2, et tombe en pamoison devant l'homme-poisson, l'homme-dauphin, qui descend à 75 mètres en bipalme.

L'enthousiasme est total, comme il peut l'être à l'adolescence, sans mise en perspective aucune, sans nuage aucun, qui viendrait estomper les contours de cette dévotion, nuancer de gris les éclatantes couleurs de l'adhésion.

Je suis trop jeune pour avoir vécu le choc *Grand Bleu*. J'avais 6 ans quand le film de Luc Besson est sorti, quand il a révélé un univers, fasciné une génération.

Par contre, à 14-15 ans, je suis synchrone avec Pelizzari. Je peux m'identifier à cet aîné en pleine force de l'âge, toujours en activité, quand Jacques Mayol et Enzo Maiorca sont encore dans les limbes de ma méconnaissance, trop anciens, trop perdus dans des nuées historiques que je mettrai du temps à dissiper pour accéder à l'ampleur des apnéistes et à la vérité des hommes.

Quand on est adolescent, on a besoin de s'identifier à qui continue à flirter avec l'exploit, à qui a tout juste une dizaine d'années de plus que vous, s'habille presque de la même façon, a les mêmes goûts, les mêmes référents culturels, tout en étant déjà un homme fait, avec des petites amies, peut-être des enfants, de l'argent, une voiture, une maison. Il est bien plus difficile de se connecter avec qui pourrait être votre grand-père.

Je lis tout ce que je peux trouver sur Pelizzari et sur l'apnée. J'achète le hors-série du magazine *Apnéa*, spécial « Plongée en apnée ». Ce magazine traite d'ordinaire de chasse sous-marine. Chance, en plus de trente ans d'existence, il sort le premier hors-série spécial apnée exactement à la période où je suis intoxiqué, drogué, en quête de la moindre information sur la discipline, à l'ère où Internet en est à ses balbutiements. J'apprends la moindre notule par cœur. Cela devient ma bible.

Je ne quitte plus Julien Parisot, mon meilleur ami depuis la sixième, qui fait un peu de plongée bouteilles. Il vit ça de façon plus relax que moi. Il sourit en coin quand il me voit me faire des films à ne plus savoir quoi inventer et singer les manières de mon grand, de mon immense Pelizzari. Julien est plus décontracté, moins impliqué, mais il accompagne mes délires avec bonhomie.

Son père est enseignant de sociologie à la fac de sport. Il connaît bien Claude Chapuis, prof d'EPS à cette même fac. Surtout, Chapuis est le défricheur de ce domaine méconnu qu'est l'apnée et responsable du club local.

Je n'ose pas franchir le cap. C'est Julien qui m'encourage. Il obtient son numéro, appelle Claude, qui nous donne rendez-vous un mercredi après-midi.

Paillotes, barge alu et « aquacité »

On est en classe de seconde. Mes parents sont aimants et protecteurs, très aimants, trop protecteurs. Ils bloquent sans attendre, me rappellent à mes devoirs scolaires.

Prof de maths, ma mère est polarisée sur la réussite. Les activités extrascolaires ne doivent être là que pour booster les résultats. Le tennis, passe encore ! Ça prend peu de temps et ça donne le sens de la compétition.

Mais aller plonger en mer ? À quoi ça sert ? Tout cela est bien farfelu. Mais surtout, est-ce que ce n'est pas dangereux ?

Ma mère vit à Nice depuis des années, mais ne se baigne que pour se rafraîchir et ne met jamais la tête sous l'eau ! Lors d'un récent séjour à La Réunion, il a fallu que j'insiste pour qu'elle plonge la tête dans le lagon. Elle avait peur des requins.

Mon père est moins timoré. Technicien en médecine nucléaire, il passe sa vie dans un espace clos, à préparer les produits pour les radiographies, les scintigraphies. Alors, il a besoin de respirer. C'est un ancien Parisien, devenu Méditerranéen de cœur, qui sait les bonheurs du bord de mer. Il met un masque, enfile des palmes, plonge pour ramasser quelques coquillages.

Pour autant, l'un et l'autre sont assez casaniers. Ma mère appartient à l'Éducation nationale, mon père est apparenté fonctionnaire. L'un et l'autre ont peu la culture du risque.

Je suis encore très obéissant, très petit garçon sage, en fils unique qui ne sait pas déplaire, ni embrouiller les autorités domestiques.

Voyant mon dilemme et connaissant ma compulsion du moment, Julien commence par se ficher de moi. Puis il me fait valoir que pour rien au monde, et surtout pas pour des devoirs sans intérêt que je pourrai toujours recopier sur mon voisin, je ne dois manquer ça.

À la maison, je fais la gueule cinq jours durant sans prononcer un mot, et finis par décrocher l'accord de mes parents. Accord limité dans le temps et évidemment conditionné à un investissement scolaire décuplé.

Et l'on se retrouve dans le bus pour Villefranche. Par acquit de conscience et sursaut de culpabilité, je me suis encombré d'un bouquin de physique chimie. Julien me rit au nez. Lui a la fibre artiste, le tropisme musical. Il se contrefout des études classiques.

Sur place, il y a une paillote bancale, une Citroën CX moteur en marche, un gros chien qui fait tapis de sol.

Surgissent deux apnéistes qui essaient leur monopalme. Ces silhouettes entraperçues qui se contentent d'un vague bonjour me font l'effet d'un dauphin et d'une sirène.

La béatitude me colle au mur. L'impression de toucher au Saint-Graal me tétanise. J'ai le sentiment exaltant d'appartenir un tout petit peu, un rien du tout, à cette corporation idéale.

Claude Chapuis remarque à peine notre arrivée, continue ses bricolages. Ses premiers mots claquent : « Et vous croyez que c'est en me regardant faire qu'on va aller plus vite… » Le ton est donné. Entre deux grognements d'ours, il nous balance de vieilles combinaisons fatiguées et mal rincées.

« Mettez ça. »

Il nous emmène sur une barge en alu, proche du rivage. Olivier Heuleu, un autre membre fondateur de l'aventure, au contact bien plus aisé, nous accompagne.

Il y a 7 ou 8 mètres de fond. Autrement dit, rien…

Chapuis vient avec nous, descend, s'assoit au fond, vide ses poumons et nous regarde évoluer, d'un air narquois. Il veut voir si on est à l'aise, comment on se comporte. Il veut tester notre « aquacité », comme on dit. Il veut savoir si cet univers qu'il aimerait moins réservé à quelques initiés peut nous accueillir en son sein.

La séance terminée, je regagne le bord avec des supernovae dans les yeux.

Je me sens épanoui corps et âme. Je suis exalté au point de shooter dans les étoiles et de faire la roue au milieu d'un dépôt d'ordures. Je suis comblé comme après une rencontre amoureuse, étrillé d'émotion, décalqué de jubilation.

Au lycée, avec Julien, nos discussions tournent interminablement autour du même thème. Un autre dimanche, on descend tractés par une gueuse à – 20, – 25 mètres. Sportivement, cela ne représente pas grand-chose, c'est ludique, ça fait un peu manège de chevaux de bois. Mais j'ai l'impression que j'ai enfin découvert les abysses et que j'en suis revenu.

Je me vois en digne héritier de mon héros, Umberto. Je me sens déjà adoubé par la confrérie des chevaliers du très profond. Je suis mordu au sang par le chien de mes envies, piqué à mort par le scorpion du destin. Un destin qui n'est pas une fatalité, un destin que je veux plus que tout.

L'ennui, c'est que mes parents ne voient pas les choses ainsi. Ils tiennent à ce que les dimanches soient consacrés à réviser les cours, à terminer les devoirs, à prendre de l'avance sur le programme. Ou, si je préfère, je peux continuer à les accompagner en randonnée. Le grand air me fera le plus grand bien et je resterai sous strict contrôle.

Je n'en peux plus des escapades familiales en moyenne montagne. J'ai trouvé une autre forme de verticalité, de radicalité. Je négocie, je biaise, je cède pour mieux emporter la mise la semaine suivante.

Les week-ends consigné sont des crève-cœur. Le lundi matin, lors du cours de sciences nat, je passe Julien à la question. Il doit me raconter tout par le menu. Il s'y plie avec une bonne volonté et une fantaisie qui me vont droit au cœur. Même si je sais que j'aurai droit au sempiternel : « Et toi, pendant ce temps-là, t'as fait quoi ? Tes devoirs ? Tu peux me passer ta copie, que je voie un peu ce qui me manque ? »

À l'été 1998, entre les classes de seconde et de première, nous passons l'été au club sur la plage à Passable. Nous sommes les petits jeunes de la bande. Les grands nous couvent d'une attention distraite, s'assurant vaguement que nous ne faisons pas d'excès flagrants. Tant qu'il n'y a pas de loup évident et que nous passons entre les gouttes des règles de vie très peu contraignantes, nous avons toute liberté pour inventer nos manigances nautiques.

Ni pétards, ni packs de bière, nos bêtises sont à vocation sportive. Il s'agit de s'enivrer de profondeurs jamais atteintes, de se mettre minable en n'aspirant surtout pas la fumée des airs viciés des bas-fonds.

Nous sommes là pour mettre en scène notre besoin de confrontation aux mythes qui nous constituent, pour nous adosser à la silhouette de nos prédécesseurs. C'est très sain, même si ça peut tourner à l'aigre.

L'important est de préparer et de vérifier le matériel avec un scrupule d'huissier de justice. On installe le câble. On mobilise le gros profondimètre de Julien. Un bout, trois sacs Fnac, et nous voilà avec une longe et un contrepoids qui nous permettent de remonter celui qui resterait au fond.

Je finis par descendre à 30 mètres. Je suis en extase. Je suis Neil Armstrong faisant son premier pas sur la Lune, Maurice Herzog au sommet de l'Annapurna. Et mieux encore, j'y vais seul, sans oxygène, sans sherpa, sans les moyens faramineux de la Nasa. J'ai 16 ans, je suis aux anges.

Les disciplines de l'apnée

L'apnée est une activité ancienne qui ne s'est organisée en sport que récemment. La multiplicité des registres et la litanie des records proviennent de cette absence de structuration et des oppositions entre les différentes tribus qui se sont passionnées pour cet univers.

Dans les années 1950-1960, les pionniers n'en font qu'à leur guise mais sont si peu nombreux qu'ils peuvent se régenter eux-mêmes.

Ils trouvent un relais dans les années 1980 quand les adeptes de l'*outdoor* et du *fun* qui développent planche à voile, parapente, surf, skate, rafting, escalade, etc., approchent l'apnée comme si c'était un cousin germain de ces activités nature, et absolument pas un domaine réglementé, normé, quasi scientifique.

Ces jouisseurs, ces ultrasensitifs, ces glaneurs d'expérience n'ont que mépris pour toute notion de compétition. À la performance, ils préfèrent l'exubérance des abysses. Ils ont le réflexe anti-autoritaire et refusent de rentrer dans les cadres rigides des fédérations sportives.

Au sein des plongeurs sans bouteille, il y a également dissension entre les tenants du « naturel » et ceux du « no limit », entre les raisonnables et les excessifs. Les premiers, dont je suis, veulent descendre avec le minimum d'aides matérielles, n'acceptant que les palmes. Les seconds rêvent de la marque ultime et ont recours à toutes les techniques non motorisées.

Les premiers sont plus des sportifs et des techniciens que des aventuriers, même si ce n'est pas physiologiquement neutre de descendre au-delà des 100 mètres et si la menace de l'accident ne peut être écartée d'un revers de manche.

Les seconds sont des risque-tout, prêts à beaucoup pour être l'homme « le plus bas du monde », comme le coureur de 100 mètres est l'homme « le plus rapide du monde ».

L'état actuel des records

Compétitions en piscine

Apnée statique : il s'agit de tenir le plus longtemps sur place sans respirer. Record : 11 minutes 35 secondes. Détenteur : Stéphane Mifsud (France). Performance Guillaume Néry : 7 minutes 42 secondes.

Apnée dynamique : il s'agit d'effectuer la distance la plus longue en bassin. Record sans palmes : 234 mètres. Détenteur : Dave Mullins (Nouvelle-Zélande). Record avec palmes : 281 mètres. Détenteur : Goran Čolak (Croatie). Performance GN : 183 mètres.

Compétitions en mer

Poids constant : il s'agit d'une descente avec monopalme. C'est la discipline historique, celle que je pratique. Record : – 128 mètres. Détenteur : Alexey Molchanov (Russie). Performance GN : – 125 mètres.

Poids constant brasse : il s'agit d'une descente sans palmes. Record : – 101 mètres. Détenteur : William Trubridge (Nouvelle-Zélande). Performance GN : – 80 mètres.

Immersion libre : descente sans palme mais avec possibilité de se tracter sur le câble. Record : – 121 mètres. Détenteur : William Trubridge (Nouvelle-Zélande). Performance GN : – 103 mètres.

Poids variable : descente avec gueuse, remontée sans aide. Record : – 145 mètres. Détenteur : William Winram (Canada). Performance GN : ne pratique pas.

No limit : descente avec gueuse, remontée avec ballon. Vu les profondeurs atteintes, cette discipline cause beaucoup d'accidents de décompression, comme pour Audrey Mestre, ou matériels, comme pour Loïc Leferme. Record : – 214 mètres. Détenteur : Herbert Nitsch, qui a subi un AVC lors d'une plongée à – 244 mètres. Performance GN : ne pratique pas.

Claude Chapuis

Claude Chapuis est un personnage déterminant du développement de l'apnée en France et dans le monde.

C'est aussi un éducateur hors pair, aux convictions bien tranchées, qui a toujours mis ses actes en accord avec ses paroles et avec ses idées.

Dans les années 1980, Claude se prend en pleine figure le choc du *Grand Bleu*. Il est maître-nageur à la piscine d'Antibes et voit débarquer des fondus un peu délirants qui se prennent pour Jacques, pour Enzo et qui veulent reproduire cette confrontation avec l'immensité, ce flirt avec l'absolu, cette danse limite avec le risque d'hébétude.

Lui plonge aussi, réalise des performances intéressantes. Il décroche l'un des premiers records du monde d'apnée statique en 5 minutes 10.

Enseignant en STAPS (sciences et techniques des activités physiques et sportives), il développe l'option apnée à la fac et mobilise ses étudiants pour leur faire découvrir cette activité. Olivier Heuleu, Marc Counil et Loïc Leferme feront partie des premiers pionniers de la discipline.

En 1992, Claude et sa bande créent l'Association internationale de développement de l'apnée, l'AIDA. Ils sont à l'origine du premier championnat du monde par équipe, qui se déroule à Villefranche en 1996. Ils œuvrent à l'organisation sportive de cette activité qui se résumait jusqu'alors à des tentatives individuelles de record.

En choisissant la notion d'épreuve par équipe, Claude et les siens poussent au mélange des disciplines (apnée statique, apnée dynamique, avec et sans palme, mais toujours sans gueuse).

Ils s'inscrivent en faux contre la chasse au toujours plus et contre le monopole symbolique du *no limit*, avec gueuse à la descente et ballon pour la remontée comme dans le *Grand Bleu*.

Pendant près de dix ans, la majorité des compétitions est organisée par équipes. Il s'agit de pousser l'idée de collectif et d'obliger les athlètes à annoncer des profondeurs raisonnables.

Dès le début, Claude est conscient que les apnéistes ont besoin d'une phase de rodage pour arriver à maturité. Si les compétitions individuelles avaient été lancées immédiatement, on aurait assisté à une course effrénée à la profondeur alors que le sport lui-même n'était pas encore prêt à assumer cela. Seul Claude a ce recul et cette vision du long terme.

En 2005, l'AIDA organise le premier championnat du monde individuel en poids constant, toujours à Villefranche, en tentant de minimiser les risques, de tenir les syncopes en respect. Ils y parviennent, la casse est minime.

Depuis, les championnats du monde sont organisés tous les ans, en alternance en individuel et par équipe. Aux Bahamas, en Grèce, en Égypte, à Okinawa, et à Villefranche-sur-Mer bien sûr.

Claude, lui, a pris de la distance avec le club. Il ne pratique plus en compétition. Il vient à Passable pour encadrer ses étudiants ou juste pour son plaisir. Il s'est marié avec Delphine. Ils ont des jumeaux. Il continue à enseigner à la fac et s'est lancé dans une autre quête. Il tente d'établir des rapprochements avec la FFESSM, la Fédération française d'études et de sports sous-marins.

La philosophie de l'école niçoise

La pédagogie du Petit Scarabée

Claude Chapuis est un pédagogue qui ne théorise jamais *a priori*. Ou plutôt, un pédagogue dont la théorie est de ne pas tenir de discours tant que les sensations n'ont pas été éprouvées, les actions entreprises, les douleurs devinées, les plaisirs entraperçus, les réactions déclenchées à l'instinct, qu'elles soient bonnes ou mauvaises.

Il laisse l'élève expérimenter, tester ses limites, se cogner à ses peurs. La réponse ou la proposition de l'enseignant ne viennent qu'après. Et encore, pas toujours...

Cette approche commence par me désarçonner. Je suis un adolescent anxieux, attentif à satisfaire la demande, à répondre aux attentes. Et cette liberté accordée me perturbe, même si elle va bientôt m'intéresser, me stimuler.

Je m'attends à une leçon, à un cours, à des interdits, à des obligations, à un schéma directeur, à une feuille de route. Au lieu de quoi, Claude me rembarre quand je le sollicite, me renvoyant à une pratique, à des sortes de jeux. Tout cela semble n'avoir ni queue ni tête, ce qui perturbe mon esprit scientifique. Mais je m'y plie, inquiet de ce manque de structures, étonné d'y trouver mon compte, curieux de voir où cela va mener.

Claude mélange l'amusement et l'exercice, la participation aux tâches collectives et les tests de capacité. Avec Julien, nous nous retrouvons à devoir caréner le bateau du club. Au lieu d'échouer la barcasse, nous faisons ça au mouillage. Et il nous faut manier le grattoir en tenant l'apnée, décoller les anatifes tout en contrôlant notre dépense d'oxygène, mesurer les gestes tout en pensant efficacité. On pourrait parler de pédagogisme social pour définir la méthode de Claude. On peut aussi dire qu'il la joue à l'orientale et diffuse les enseignements du maître d'armes à son Karaté Kid, à son Petit Scarabée.

Le sens du collectif

Claude Chapuis est un adepte de la chose collective, du bien commun. Il dit souvent : « L'important, c'est le groupe, pas l'individu. N'entrez pas dans une logique individuelle. Sinon le groupe explose et l'individu périclite. »

Ce jour-là, je viens de battre mon premier record du monde. Je suis sur un petit nuage. Je suis la star du jour, les médias me réclament. Je me laisse tirer par la manche par la notoriété émergente, par la pression ridicule de l'instantanéité de l'information. Alors que je suis prêt à embarquer sur une navette qui me ramènera au port et me mettra au plus vite sous les feux de la rampe, Claude me rappelle à l'ordre et me met la honte : « On s'est levés à 5 heures du mat pour le record de Monsieur. On est tous rincés. Monsieur a réussi son coup et maintenant, il part faire le beau devant les caméras en nous laissant ranger le câble et les bouées. Pas question. Tu nous files un coup de main pour remonter le mouillage et tu restes là, avec nous, jusqu'à ce que tout soit plié. »

Claude a construit sa logique contre l'individualisme des premiers pionniers qui ne demandaient rien à quiconque, pensaient n'avoir besoin de personne et vivaient dans une bulle mystique où seul leur rapport à eux-mêmes et à l'absolu de leur quête importait.

Pour des raisons autant philosophiques que politiques, Claude veut que l'apnée devienne une activité de groupe, une entreprise communautaire, où il n'y ait pas la star et ses petites mains, le dominant et ses dominés, le héros et ses tâcherons, le maître et ses valets.

Le développement des processus de sécurité voulus par l'AIDA amplifie ce besoin du collectif. Pour une tentative de record, il faut désormais sept ou huit personnes pour préparer le site, juger et officialiser la tentative et veiller à la sécurité du plongeur. Il faut établir la plate-forme, descendre le câble, chronométrer, veiller au respect des règles.

Sur le bateau, il y a toujours un médecin ou un type pointu en réanimation, avec de l'oxygène médical.

Deux apnéistes de sécurité descendent à la rencontre du plongeur et s'établissent à 25 mètres pour parer aux syncopes qui peuvent survenir en fin de remontée.

Comme dans un kibboutz, Claude tient à ce que chacun soit capable d'accomplir chacune des tâches, manuelles, techniques, administratives, et que les plus performants ne soient pas déchargés des obligations les plus rébarbatives.

La dérision, le plaisir

Claude s'inscrit en faux contre la métaphysique orientalisante dans laquelle se sont englués les premiers apnéistes. Il tient à déconnecter la pratique moderne de son assujettissement au yoga, à un certain bouddhisme. Il veut montrer que tout cela n'a rien d'une démarche spirituelle, que pour descendre profond on n'a pas besoin de se connecter avec le cosmos, que le très bas n'implique pas de croire au très haut. Il mélange un athéisme quasiment anticlérical avec un art de la dérision et un refus de se prendre au sérieux. Dans les premières années, je vais adhérer totalement à cette dédramatisation. Aujourd'hui, je tente de mixer esprit sportif, relativisation de l'exercice et besoin de spiritualité.

Lors d'un entraînement profond à Nice, j'ai encore 17 ans et je suis en pleine ascension. Claude me voit m'isoler, rentrer dans un monde clos, me couper de mon environnement. Il me secoue, m'engueule, m'humilie : « Tu as fait une bonne perf à ton petit niveau et voilà que tu te prends déjà pour Jacques Mayol ! Oh, on se calme ! Tu as encore du chemin à faire. Et surtout, arrête de nous prendre la tête, tout ça n'est pas si grave, c'est juste de la rigolade. »

Assez psychologue, Claude a remarqué que j'étais du genre à me laisser gangrener par mon anxiété. Il sait que j'ai été élevé dans un registre bien cadré, dans un cocon très protecteur, que cela génère un manque d'assurance et déclenche des crispations d'angoisse. Il combat cette tendance naturelle qu'il a bien analysée en me brusquant. Il veut que j'y aille avec détachement, sans me prendre le chou, tel un ado tout fou.

Ma rade de Villefranche

La rade de Villefranche, c'est ma baignoire. Je la connais comme si j'y étais né selon les techniques d'accouchement aquatique développées dans les maternités alternatives ou comme si j'y avais fait mes premières armes de bébé nageur.

J'ai commencé à la fréquenter quand j'avais 15 ans. Depuis, j'y passe mes après-midi, pêcheur de record, plaisancier amphibie, régatier en sous-sol.

Cette anse profonde et fermée va du cap de Nice à l'ouest au phare de la presqu'île de Saint-Jean-Cap-Ferrat à l'est. Des montagnes la bordent et l'enserrent, la calfeutrant au possible. Les vents d'est la contournent.

Surtout, les fonds sont pentus. Ils sont la réplique inversée des sommets environnants. Ils passent vite de 20 mètres, au fond de l'anse, à une centaine de mètres sous le sémaphore et à 300 mètres dès qu'on s'éloigne un rien.

La rade fut longtemps un abri pour les flottes de guerre. La maison de Savoie y entretint ses vaisseaux avant le rattachement à la France. Les croiseurs et les cuirassés de la Royale y établirent également leurs quartiers. Et la 6e flotte américaine s'y installa dans l'après-guerre, entre 1945 et 1962, avant que de Gaulle ne prenne ses distances avec l'OTAN.

Aujourd'hui, nos activités sont plus pacifiques et moins scientifiques que celles des biologistes russes du début du XXe siècle, qui y étudiaient les métamorphoses du plancton.

Nous avons plutôt élu domicile du côté est, sous le sémaphore de Saint-Jean-Cap-Ferrat.

Nous mouillons principalement sous la pointe de la Cuisse qui fait face à celle des Sans-Culottes, mais n'y voyez aucune tendance libidineuse ou jacobine. Par 43° 40' nord et 7° 19' est, nous mouillons notre semi-rigide jaune de 7 mètres de long au sondeur, en dévidant 150 mètres de bout.

Je connais tellement bien les lieux que, sans prendre d'amers, je suis capable de donner la profondeur à 2 mètres près.

4

Apesanteur (– 30 mètres)

L'apesanteur pour tous

Je suis à – 30 mètres. Mes poumons s'écrasent toujours plus. Le point de neutralité est dépassé. Archimède est dans le rétroviseur.

Bras le long du corps, palmant lentement dans le bleuté qui commence à virer du bleu roi au bleu pétrole, je découvre une sensation qui m'exalte au plus haut point : l'apesanteur.

Au revoir, Newton, fini la gravitation universelle ! Ici, la pomme ne me tombera plus sur le crâne. Et pourtant, je ne suis qu'à 30 mètres sous la surface de toutes les eaux de la planète. Nul besoin des *Spoutnik*, des capsules *Apollo*, des lanceurs d'Arianespace ou des voyages dans la stratosphère que s'offrent les milliardaires.

Pour vivre ce qu'ont vécu Gagarine, Armstrong, Jean-Loup Chrétien ou Dennis Tito, pour ressentir ce que l'air et l'espace ne concèdent qu'à quelques privilégiés, il suffit de descendre à 30 mètres sous l'eau, performance à la portée de tout apnéiste un peu initié et de bien des plongeurs bouteilles.

Sur terre, la contrainte de la gravitation universelle se fait continuellement ressentir.

En trente secondes de descente palmée, on s'affranchit des grandes lois de la physique. Et on peut faire les pieds au mur, se laisser dériver dans un nouvel espace-temps ou bien inviter les murènes pour un tango. Dans l'eau, l'élément vous porte et on peut se laisser aller totalement.

Et cette expérience sensorielle jouissive, tout à fait envisageable pour un humain raisonnablement sportif, est méconnue de la majorité de nos concitoyens, qui y voient un exploit inaccessible, quand ce n'est pas une monomanie déviante réservée à quelques fêlés du bulbe.

Il me suffit d'emmener les débutants à 5 mètres pour qu'ils entrevoient le potentiel de cette activité. L'idée, c'est qu'ils se sentent comme un drapeau dans le vent, comme des rubans qui flottent, comme une laminaire à marée haute.

Le but, c'est qu'ils découvrent ce moment où la tension reflue, où l'on se sent complètement détendu, où l'on passe de l'autre côté du miroir du stress, de la contrainte, où l'on oublie la pesanteur des choses.

Ceux qui ont goûté à cela, ceux qui ont accepté de perdre leurs repères pour passer dans un univers parallèle, tout proche mais fondamentalement différent, ceux-là remontent à la surface transformés, chamboulés. Ils n'ont plus qu'une envie : y retourner pour revivre cet instant d'harmonie.

Les astronautes et les plongeurs

Il y a parenté et rivalité entre astronautes et plongeurs. Chacun cherche à explorer de nouvelles planètes, chacun aspire à s'éloigner de cette terre qui lui colle aux semelles.

Les astronautes partent pour la Lune et espèrent Mars. Les plongeurs veulent aller au fond de la soupière de cette vieille chose qu'est l'océan et comprennent mal pourquoi le sixième continent n'est pas un enjeu plus valorisé.

Peut-être que le désir d'élévation des hommes, la symbolique de la hauteur, dote la conquête spatiale d'une aura émotionnelle autrement dorée.

Peut-être que l'idée de descendre à la cave de l'humanité, de s'immerger dans la souille originelle où a commencé à germer la vie, perturbe une espèce pensante qui se voudrait pur esprit, affranchie de ses racines animales et de son corps mortel, flottant dans un éther mental.

Il y a, dans le monde de l'espace, des investissements incomparables. Cela peut s'expliquer par les enjeux géostratégiques, par les névroses communicantes gourmandes en satellites, et par ce goût du lointain, cette aspiration à prouver que le ciel n'est pas la limite.

En regard, le potentiel des fonds marins est sous-estimé. Le potentiel et les enjeux sont assez proches, mais le domaine marin est traité comme quantité négligeable du fait de sa proximité, de sa banalité littorale. C'est comme si le fait d'être à portée de main faisait chuter le coefficient de désirabilité.

Tout cela posé, cette tentative de réhabilitation des sols marins labourée en long, en large et en travers, je dois bien avouer que si, demain, l'on me propose d'embarquer sur une navette spatiale pour une mission habitée sur Mars, je conclus sans attendre, avant même d'avoir lu les avenants au contrat. Et sans qu'il soit besoin de me faire boire, comme ces marins en bordée qui se retrouvaient enrôlés sur les vaisseaux d'antan, ayant signé d'une croix contre une tournée de rhum.

Faute de la Lune ou de Mars, je me contenterais volontiers d'un séjour en apesanteur dans l'espace. J'aimerais flotter dans le vide intergalactique à la façon de George Clooney dans le film *Gravity*. Je voudrais contempler la Terre du dessus pour inverser ma vision quotidienne du ciel, vu du dessous.

Je voudrais regarder la Terre d'en haut, observer sa fine atmosphère bleutée avec, alentour, le noir infini du cosmos. Cette vision, j'en suis persuadé, bouleverse un homme et transforme son regard sur notre habitat, notre chez-nous.

Jean-François Clervoy, l'astronaute français, au retour d'une mission spatiale, déclarait : « La Terre est un être géologique vivant, et elle nous survivra. Dans l'histoire du vivant, depuis trois milliards d'années, on a connu cinq grandes extinctions du vivant, pas totales car chaque fois la vie est réapparue dans les océans. La planète Terre est comme un vaisseau spatial, il faut rester humble et respectueux. »

S'élever dans le ciel, s'enfoncer dans les mers, prendre du recul par rapport à la surface, pour plus de respect et d'humilité, voilà le point commun entre les explorateurs verticaux !

Vers la planète Mars

Gamin, quand je lis Tintin, je préfère *On a marché sur la Lune* au *Trésor de Rackham le Rouge*. Le futur scaphandrier d'eau de vaisselle fut d'abord un bachi-bouzouk étoilé.

N'osant pas m'avouer que je rêve d'aller dans l'espace, pensant qu'il est impossible d'être aventurier des galaxies, je commence par vouloir devenir astrophysicien.

Enfant, je passe de longues heures plongé dans les encyclopédies ouvertes au chapitre « Ciel et espace ». Ma seule visite à l'observatoire de Nice me chamboule. Aux jumelles, je regarde dans la direction de Sirius, de Bételgeuse, d'Aldébaran, d'Orion, de la

Grande Ourse. Je guette les anneaux de Saturne, la tache de Jupiter et la mer de la Tranquillité sur la Lune.

Se dire que Proxima du Centaure, l'étoile la plus proche, est à dix-sept mille années de route de notre planète avec les moyens d'aujourd'hui donne le tournis, sidère et interroge sur notre petitesse, notre côté grain de poussière perdu dans l'univers.

Et à la fois, cela donne envie d'aller voir. Je ressens toujours en moi ce mélange d'angoisse existentielle souvent inhibante et de volontarisme prométhéen encourageant l'activisme…

J'ai toujours été fasciné par l'immensité. Je ne cesse de m'interroger sur la notion d'infini, de vouloir percer la couche de nuages qui nous cache je ne sais quoi. J'ai toujours été perturbé par des questions métaphysiques qui me taraudent, me perforent le crâne autant qu'elles me font phosphorer, entre peur vertigineuse et stimulation intellectuelle.

Y a-t-il quelque chose au-delà de notre planète ? Y a-t-il d'autres formes de vie ? Existe-t-il un au-delà de l'homme ? Sommes-nous les maîtres de l'univers ou de simples atomes bientôt atomisés ? Que se passe-t-il après la mort et pouvons-nous contourner la difficulté finale en allant voir dans l'espace si le rapport au temps est différent ?

Je pense qu'il y a d'autres formes de vie qu'on n'imagine pas. Sous la calotte glaciaire d'Europe, un satellite de Jupiter, existe un océan liquide. En son cœur, il y a un noyau chaud. Si des résurgences chaudes jaillissent des tréfonds d'Europe, se mélangent avec son océan, nous retrouverons alors les conditions qui ont permis à la vie de se développer sur Terre, la fameuse « soupe primitive » de laquelle nous venons tous.

Un jour, une navette décollera vers Europe, avec un robot sous-marin à bord. Ensuite, des humains eux aussi s'immergeront dans cet océan.

Je ne serai peut-être plus là pour suivre une telle aventure. Et j'en conçois une frustration à la mesure de la force de mes envies. Les progrès de notre époque sont fascinants. Pourtant, nous sommes encore à l'orée d'évolutions exceptionnelles, impossible à imaginer même dans des livres de science-fiction.

« La Terre est le berceau de l'humanité, mais passe-t-on sa vie dans un berceau ? » s'interroge Constantin Tsiolkovski, le théoricien russe de l'astronautique moderne. Aller se développer ailleurs, on a ça dans le sang. C'est dans la nature humaine d'aller vers l'inconnu, d'aller explorer.

En attendant, j'observe avec attention l'avancée du projet de vols habités vers Mars. Je suis partant, plus que partant. Mon acte de candidature est déjà envoyé à la NASA, au CNES, à la future Organisation des espaces unis, cette ONU du ciel qui ne devrait pas tarder à voir le jour.

Je me raconte que mon vécu d'apnéiste, ma maîtrise des sensations en apesanteur, ma capacité à résister au stress emporteront le morceau. Surtout, je suis sûr que ma force de conviction ne peut laisser indifférent.

Cela dure trois ans, un aller-retour ? Et alors ? J'ai prévenu Julie que je quittais tout pour ce grand voyage, que je ne pouvais pas passer à côté de cette chance, de ce cadeau du ciel.

Elle n'a qu'à postuler avec moi. On part ensemble. Et la petite Maï-Lou ? Eh bien, on l'emmène.

La météorite d'Allende

Dans notre appartement de Nice, je garde précieusement un petit objet auquel je tiens énormément et que je transmettrai à ma fille. Je l'ai acheté cent euros, mais il représente beaucoup. C'est un peu comme ces vanités, ces crânes qui servaient d'éléments de décoration philosophique des intérieurs du XVIIe siècle et qui rappelaient aux humains qu'ils étaient mortels, que le temps passait et qu'ils retourneraient à la poussière dont ils venaient.

Il s'agit d'un morceau de la météorite d'Allende, tombée au Chili le 8 février 1969 après s'être brisée en de multiples fragments. Cette chondrite carbonée est apparue il y a plus de 4,5 milliards d'années, au cœur de la nébuleuse solaire, puis a tourné autour du Soleil entre Mars et Jupiter, pour finir son périple en s'écrasant sur Terre.

Il y a une sorte de fraternité romantique entre ceux qui possèdent une fraction de cette météorite de par le monde, la matière la plus ancienne que nous puissions toucher.

Cette rose des sables de la planétologie nous ramène à l'échelle de la création, du big bang, Elle nous fait effleurer l'éternité, alors que nous pensons le temps à l'échelle humaine, celle d'une génération, celle d'une lignée familiale, celle de la gestation d'un enfant.

Ou, plus prosaïquement, à l'échelle d'un projet, l'achat d'un appartement et la fin du remboursement d'un crédit, la date d'un championnat du monde et le compte à rebours qui y mène.

Nous nous projetons à cinquante, à dix, à cinq ans.

Je me souviens de la date de la naissance de ma fille, de la date de la mort de Loïc. Je me souviens que la canicule, c'était en 2003, et que la victoire de Mitterrand, c'était en 1981, un an avant ma naissance. Face à cette instantanéité horlogère, mon bout de météorite témoigne de la vastitude des choses, de l'ampleur du passé et de l'indéfini du futur.

Ça me fait du bien de m'éloigner de l'immédiat, de lever le nez du guidon des obligations et des enjeux. Cela me fait voyager dans les constellations de la relativisation, dans les voies lactées de l'infiniment lointain, l'infiniment grand, l'infiniment petit. Savoir que la lumière de certains objets célestes, que je reçois aujourd'hui, est contemporaine du temps des dinosaures, qu'elle a mis soixante-cinq millions d'années à me parvenir, me rassure, m'apaise, me remet d'équerre.

Je reste persuadé que le monde tournerait plus rond si chacun s'obligeait chaque jour, l'espace de quelques respirations apaisées, à briser l'élan incontrôlable d'un compte à rebours qui ne cesse de nous échapper. Il nous faut sortir la tête de nos tourments pour lever les yeux au ciel. Là-haut, il y a des étoiles par milliers. Oui, c'est beau !

L'observation de la voûte céleste est un spectacle dont on ne se lasse pas. Entre amis, amants, amoureux, voisins, cousins, on philosophe devant tous ces points lumineux mis sur un même plan sans relief. On boit une bière et on va se coucher, comme si de rien n'était.

On a tort de ne pas essayer de nouveau, régulièrement. Il nous faut sortir de notre condition de terrien, sortir de notre esprit anthropocentré, aller au-delà de nos cinq sens, mettre en route un autre référentiel spatio-temporel. Il nous faut ouvrir les bras à l'inconnu et libérer notre conscience pour recevoir de plein fouet le sens du spectacle contemplé.

Devant nous, il y a l'impalpable. Ces étoiles que nous pouvons observer font partie d'un grand ensemble, la Voie lactée, notre banlieue proche. Deneb, dans la constellation du Cygne, visible lors des belles soirées d'été, une des plus brillantes et des plus lointaines étoiles, est à trois mille deux cents années-lumière. La lumière que nous recevons en sirotant notre rosé a été émise il y a trois mille deux cents ans. C'est énorme et ce n'est rien, à la fois.

Par ciel clair et préservé de la pollution lumineuse, on peut distinguer Andromède, seul objet céleste hors de notre galaxie visible à l'œil nu. Elle est à deux millions et demi d'années-lumière. La lumière qui semble émaner d'elle a été émise alors que les premiers hommes maîtrisaient à peine la taille de la pierre.

Je me projette là-bas, téléporte mon esprit vers ce néant vertigineux, vers cet ailleurs que nous n'atteindrons jamais. Et quand je reporte mon regard vers les terriens, je sors apaisé de cette expérience.

Barjavel et TXT

Certaines lectures m'ont définitivement marqué et m'ont permis d'avancer dans ma perception du monde, des autres, de la spiritualité. Et aussi dans ma relation à mon sport, à mes partenaires, aux forces qui nous gouvernent.

La Faim du tigre

La Faim du tigre est un essai métaphysique écrit par René Barjavel en 1966. Le propos me fait l'effet d'une bombe et vient me dessiller les yeux. Je suis bouleversé par la lecture de cette réflexion sur l'homme, la vie et Dieu. Barjavel s'interroge sur la condition humaine. Il pointe l'incapacité de l'homme à appréhender le monde dans lequel il est plongé. Il décrit l'absurdité de la violence dont toute forme de vie a besoin pour exister, en causant la mort des autres. Il fait valoir que « la vie se nourrit de la vie ».

Ce qui m'intéresse dans cette réflexion, c'est la façon dont Barjavel décrit la magie de l'ordinaire, le génie qu'il y a en toute chose. Il prend l'exemple de l'oreille, organe commun à tous les hommes et à beaucoup d'animaux. Il décrit précisément les différentes fonctions, la façon dont un son progresse à travers le pavillon, le tympan, le marteau, l'enclume, puis comment l'onde électrique parvient au cerveau, qui l'analyse.

Plus Barjavel entre dans l'infiniment petit du détail, mieux on prend la mesure de la perfection et de l'efficacité de cet élément si évident, si simple. On se dit que si les hommes avaient voulu créer la même chose, ils n'auraient pas pu y parvenir, et on s'étonne que les mutations aient fini par produire une telle perfection.

Comme Barjavel, je ne suis pas certain que seul le darwinisme puisse nous éclairer sur l'évolution. Il pointe alors du doigt l'idée d'un grand architecte, d'une force, d'une volonté à l'origine de tout cela.

La question de Dieu, pas le Dieu fabriqué par les hommes, mais plutôt Dieu comme grand architecte de l'univers, m'obsède. Y a-t-il quelque chose à l'origine de la création, ou sommes-nous le seul fruit du hasard ? Cette question hante la science, la philosophie et bien sûr la religion, qui s'est empressée d'y répondre favorablement.

Einstein évoquait « l'harmonie des lois de la nature dévoilant une intelligence si supérieure que toutes les pensées humaines et toute leur ingéniosité ne peuvent révéler, face à elle, que leur néant dérisoire ».

Je pense être comme Jean d'Ormesson, écrivain dont je dévore les ouvrages, « un agnostique tenté de croire »…

Je ne crois pas dans le Dieu révélé des religions, mais l'hypothèse selon laquelle l'univers proviendrait du hasard et de la nécessité me paraît une idée folle.

Je lis Barjavel en 2009. Je sors d'une période difficile. De 2004 à 2006, ma progression a été freinée. J'ai découvert le stress, la douleur, subi ma première syncope. En 2007, Loïc est mort. En 2009, je me réintéresse au cosmos, à l'astronomie, à la notion d'infini. À ce moment-là, Barjavel est un interlocuteur intéressant, l'étincelle qui me permet de rallumer le feu sacré de ma curiosité existentielle, synchrone avec un vrai déblocage de mes performances.

Trinh Xuan Thuan

Je suis séduit d'emblée par l'approche de cet astrophysicien bouddhiste qui semble réunir science et religion. Il a écrit : « Je frémis toujours quand je vois cette beauté, cette cohérence. C'est impossible pour moi que tout cela n'ait aucun sens. L'univers semble être parfaitement réglé pour qu'un observateur capable d'apprécier son organisation et son harmonie apparaisse. » C'est ce que l'on appelle le « principe anthropique », dont il est un fervent défenseur. Le premier livre que j'ai lu de lui est *Le Chaos et l'harmonie*. Il s'agit une présentation poussée de la cosmologie moderne, agrémentée d'une réflexion spirituelle qui apporte poésie et regard enchanté sur le monde.

Ces différentes lectures me donnent une sérénité quotidienne, un détachement nécessaire face aux obstacles de la vie et m'aident à poursuivre les réflexions personnelles amorcées dans les profondeurs.

Les peuples de l'eau

Je suis par 30 mètres de fond, m'éloignant au fur et à mesure de la vie terrestre. Je romps avec les conditions qui semblent le mieux convenir aux populations, avec le confort moderne et la protection garantie, avec l'urbanité arrachée aux assauts du climat.

Souvent, au contraire, je pense que c'est là que je retrouve mon élément naturel, celui d'avant ma naissance. Je pense que c'est là que je retrouve le liquide amniotique de la condition humaine, celui qui permet de se ressourcer, de se réinventer, celui qui manque aujourd'hui à beaucoup d'urbains, à beaucoup de gens enfermés dans leurs bureaux, à tant de geeks accrochés à leurs ordinateurs et qui ne voient jamais le soleil.

Il y a des peuples de l'eau et des civilisations qui, elles, ont perdu le contact avec cet élément primordial. Ce n'est pas forcément lié à l'état de développement. Il y a des pays riches qui continuent à célébrer le culte de l'eau et des pays pauvres qui s'en contrefichent tant qu'ils n'en manquent pas ou tant qu'ils ne la vivent pas comme un danger, une menace, une calamité cyclique.

À Budapest, les bains restent un lieu de socialisation où l'on donne ses rendez-vous, où l'on joue aux échecs, où l'on regarde le temps passer. La buée sur les carreaux du hammam est le signe que peuvent se dissoudre à la fois les graisses et les angoisses. En Hongrie, l'eau reste un symbole de bien-être et permet de mêler corps et esprit dans des ablutions aussi physiques que mentales.

Le Japon entretient lui aussi un rapport intense avec l'eau. J'ai découvert le Japon lors d'un voyage de promotion pour mon sponsor. Ball avait besoin de moi pendant trois jours. J'ai demandé à la société de décaler notre retour de deux semaines.

Sac au dos, avec Julie, nous sommes partis à la découverte de ce monde à part, différent, fascinant. Ce fut une plongée réelle dans le monde virtuel des dessins animés de notre enfance. Les mangas tant décriés des années 1990 peignaient un Japon que l'on pensait truffé de clichés. Nous nous sommes pourtant retrouvés dans un manga grandeur nature.

Nous avons aimé la cuisine en rupture avec tous les registres occidentaux, nous avons apprécié l'attitude des gens, leur courtoisie lointaine, leur respect ritualisé et ce mélange de tradition et de modernisme mêlés, écrans plasma et petits temples. Surtout, nous avons réussi à nous couler dans la culture des *onsen*.

Les *onsen* sont des bains publics, en pleine nature, alimentés par des sources chaudes. Ces dernières sont au nombre de vingt et un mille au Japon. La température varie entre 38 et 40 °C, ce qui est chaud pour le corps humain, qui se satisfait facilement de 37 °C.

Les cadres comme les ouvriers, les bourgeois comme les paysans se retrouvent après le travail, nus, dans ces grenouillères fumantes. Chacun reste là, bouche ouverte, yeux dans le vague, serviette blanche sur le visage ou sur le sommet du crâne.

Je me souviens d'un *onsen* à Hokkaido, l'île du Nord. Le guichet d'entrée se trouve dans un petit chalet. On paye deux euros. Il y a les vestiaires des hommes et celui des femmes, chaque sexe vivant ensuite sa non-mixité qui désérotise l'affaire pour revenir à la base de l'exercice, celui du bien-être, de la communion avec l'élément.

Déshabillé, chacun rejoint son trou d'eau qui mousse de chaleur, qui fume dans l'atmosphère. Ce soir-là, il neigeait à demi sur le parc national alentour, où furetaient des ours. La vue sur les montagnes s'estompait dans un brouillard tissé des buées de chaleur et des rideaux de flocon. On demeurait là, le corps englouti dans le duvet d'eau, le visage attaqué par le froid. Il suffisait de s'immerger quelques minutes pour que la source brûlante colore le teint de rouge brique. Au coude à coude avec les Japonais, on se sentait appartenir à une antique civilisation qui aurait fait de l'eau sa déesse ultime.

Un *onsen*, c'est 90 % de bains chauds et 10 % de bains froids. Un peu comme les Finlandais se surchauffent au sauna avant de se jeter dans un trou creusé dans la glace, les Japonais passent de l'un à l'autre, et mettent un peu – juste un peu – de fraîcheur dans leur « émollience ».

Et c'est là que nous retrouvons notre réflexe d'immersion bien connu. Au chaud, le cœur accélère son rythme, une vasodilation survient. Au froid, le cœur ralentit, vasoconstriction oblige.

Au Japon, nous avions un guide. Kaz est un apnéiste de talent. C'est aussi un artiste. Il écrit, compose, enseigne. Il a aussi monté un business un peu particulier. Il fait le guide pour des gens qui veulent découvrir les dauphins.

Question *onsen*, Kaz ne voit pas les choses comme moi. Je me sens bien dans les petits *onsen* de village. Kaz, lui, adore les Disneyland, les grands établissements avec des multitudes de dispositifs, services à la carte, installations somptueuses. Mais il y a toujours cette culture japonaise de l'eau, vécue comme un bienfait, un don du ciel.

Je suis amoureux du Japon. J'y suis allé cinq fois. C'est un enchantement à chaque voyage. Il y a Tokyo, sa frénésie et la cohabitation improbable entre tradition et modernisme, Kyoto et le poids de l'histoire, Nara et son arrière-pays montagneux où nous avons randonné avec Julie dans d'immenses forêts rougeoyantes à l'automne, Hokkaido et sa nature brute, Okinawa, sa nourriture saine et ses centenaires.

Aujourd'hui, le Japon doit affronter le désastre Fukushima. Nous en sommes arrivés à ce moment terrible qu'anticipait Hannah Arendt, moment tragique où « la distance théorique que nous avons prise avec la Terre nous confère sur elle un pouvoir technique qui risque de mettre en danger le processus naturel de la vie ».

Chez Kaz, à Chiba, où nous avons dormi tant de nuits, de forts taux de radioactivité ont été relevés. Certains acceptent la fatalité en silence, d'autres ont fui, comme Keiko, qui nous avait accueillis lors de nos séjours et qui vit désormais en Thaïlande.

J'ai une profonde admiration pour la manière dont le peuple japonais gère cette catastrophe, dans le calme et la spiritualité. Je retournerai au Japon.

5

Attraction (– 50 mètres)

Attirance

Aux alentours de – 50 mètres, la progression se fait tendrement. C'est un moment agréable où les efforts sont inexistants, où l'on est attiré vers le fond, mais sans excès, sans violence.

Une main autour du câble qui glisse entre les doigts, on ne dépense pas beaucoup d'énergie qui rendrait l'instant sportif et musculaire, quand il est plutôt onirique, léger, câlin. C'est une attraction insidieuse, vénéneuse, cajoleuse. Insensiblement, on se découvre la proie volontaire d'une séductrice maternelle et pas du tout vamp, d'une englobeuse plutôt que d'une enjôleuse, qui tisse la toile de sa bienveillance autour de votre volonté et vous entraîne où l'on va de bon gré, où l'on pense que l'on va de son plein gré.

Je descends à une vitesse d'un mètre par seconde. Cela fait du 3,6 kilomètres-heure. Pour atteindre le bout du bout de la fosse des Mariannes, il faudrait compter trois heures et demie.

La physiologie n'y résisterait pas, mais le rêve peut faire voyager à cheval sur ce toboggan ralenti, au long de cette pente douce qui ferait chuter dans l'ouate jusqu'à rapprocher du point le plus proche du centre de la Terre.

Et alors qu'on approcherait du feu du volcan intérieur, du noyau en fusion de la planète, c'est le froid qui mordrait et l'ombre qui régnerait dans ces abîmes noirâtres et assombris, incommodants comme les carreaux cassés d'une maison hantée.

Je ne porte pas de masque dans les profondeurs extrêmes. Si tel était le cas, je serais obligé de compenser la pression exercée par l'eau en soufflant un peu d'air par le nez pour éviter que la vitre du masque ne vienne s'écraser sur mon visage. Cet air précieux serait perdu alors que j'en ai un cruel besoin à – 100 mètres pour compenser la pression dans l'oreille moyenne. Je ne porte pas de lunettes non plus, car la pression ferait sortir mes yeux de leurs orbites dès 10 mètres.

J'évolue dans une sorte de purée de pois bleutée, en myope aux yeux mi-clos.

Dans ces parages, l'eau glisse sur mon visage en une caresse appuyée. C'est comme si les mains de la mer reconnaissaient à tâtons l'un de ses enfants et sculptait à l'aveugle les traits chéris des disparus anciens, qu'elle réinvente en palpant mon front, mes joues, mes lèvres scellées qu'elle ne tente jamais d'ouvrir d'un index impérieux.

J'aime cette proximité avec la mer. J'offre mon visage à ses caprices, à ses changements de température. Pour les non-initiés, cette pratique est un cauchemar. Privé du sens le plus utilisé sur terre, la vue, le plongeur débutant est perdu, désorienté, crispé par le froid, par le mouvement de l'eau sur les paupières.

Je suis dans une connexion intime avec cet élément, que je ressens à travers mes autres sens exacerbés. Mes yeux s'ouvrent et se ferment. C'est comme s'ils ne pouvaient voir qu'en un seul endroit à la fois. Quand je ferme les paupières, j'entame un tête-à-tête avec mon corps, un voyage intérieur entre mes viscères comprimés et mes muscles relâchés. Quand je les ouvre à demi, je vois le bleu évoluer, vision méditative et uniforme qui calme mes pensées.

Aujourd'hui, j'ouvre les yeux autant que je les ferme, selon les jours, selon mon humeur, les conditions, le lieu…

Béance tubaire volontaire (BTV)

La compensation est le mécanisme par lequel on vient équilibrer la pression grandissante exercée par l'eau sur le tympan au cours d'une descente, grâce au volume d'air disponible dans les poumons. On compense du début à la fin d'une plongée, puisque la pression ne cesse de varier, d'augmenter avec la profondeur. À la remontée, l'air quitte l'oreille moyenne en reprenant petit à petit son volume initial avec la pression qui diminue. L'air est acheminé des poumons vers l'oreille moyenne via la trachée, le larynx et la trompe d'Eustache.

Il y a trois techniques possibles pour compenser :

1) Celle de Valsalva. Classiquement, on expire l'air des poumons, mais bouche fermée, tout en pinçant le nez entre le pouce et l'index. Coûteuse en énergie (il faut lever le bras, saisir le nez, se remettre en position aérodynamique), cette technique est pourtant la plus utilisée par les débutants.

2) Celle de Frenzel. On fait monter l'air dans la bouche et on compense en poussant la langue contre le palais. Autant que possible, il faut commencer par cette technique, plus relaxante.

3) La béance tubulaire volontaire (BTV). Bouche fermée, mâchoire ouverte, on ouvre la trompe d'Eustache avec les muscles péristaphylins. Cela permet à l'air d'équilibrer naturellement la pression de l'eau.

C'est la technique la plus efficace, la moins traumatisante. On n'a pas besoin des mains et l'équilibre se fait quasi naturellement. C'est la technique que j'ai la chance de pouvoir utiliser.

L'autoroute des trompes d'Eustache

La nature m'a fait un don bien utile pour cette séquence technique. Mes trompes d'Eustache sont larges et grandes ouvertes. Ce sont des autoroutes quand celles des autres sont généralement des départementales. Cette particularité anatomique me permet d'équilibrer l'oreille moyenne en envoyant de l'air dans la sphère ORL.

Mouthfill

La technique dite du *mouthfill* (« remplissage de la bouche ») est très répandue à haut niveau aujourd'hui. L'idée est d'effectuer une réserve d'air dans la sphère ORL, bouche, arrière-gorge, dans la zone des – 30 mètres.

Concrètement, je vide totalement l'air qu'il me reste dans les poumons et le stocke dans la bouche. L'air ainsi disponible, très proche de la trompe d'Eustache, permet une compensation plus économique et un bien meilleur relâchement.

Cette technique m'a permis de franchir la barrière des – 100 mètres alors que j'étais bloqué à – 96 mètres. Avec les années et la maîtrise du *mouthfill*, je sais que je suis capable d'aller au-delà de – 130 mètres.

Toutefois, il faut éviter l'enseignement précoce du *mouthfill* aux débutants. En deux ans seulement, des apnéistes sans aucune expérience se retrouvent à des profondeurs trop importantes. Ils se blessent, se font peur, se font mal.

Sans *mouthfill*, j'ai réussi à approcher les – 100 mètres, avec du temps, de la curiosité, de la patience. Aujourd'hui, la rentabilité prime.

Je parle comme un vieux. J'imagine déjà Claude hurler à un élève débutant qui lui demanderait un conseil sur le *mouthfill* : « Fais pas chier avec ton *mouthfill*, apprends déjà à plonger ! »

Je répondrais à peu près la même chose !

Oreilles

Très souvent, les athlètes qui ne parviennent pas à atteindre la profondeur tentée remontent avec une grande frustration. Ils expriment leur colère à la face du monde ainsi : « J'ai foiré ma compens' ! » ou bien « Putain d'oreilles ! », ou plus sobrement mais tout aussi teinté de déception : « Les oreilles ne sont pas passées… », laissant ainsi penser que l'appareil auditif conditionne à lui seul la réussite ou l'échec de la plongée.

Bien entendu, c'est un simple raccourci de langage. Une mauvaise compensation est dans la grande majorité des cas une conséquence directe d'autres problématiques plus profondes : erreur technique, manque de relâchement ou manque de souplesse du corps face à la pression.

En effet, le volume d'air pulmonaire diminuant considérablement au cours de la descente, il devient de plus en plus ardu d'acheminer la quantité nécessaire à la compensation. Pour y parvenir, il faut une technique irréprochable, un relâchement optimum et une grande souplesse de la cage thoracique.

Tourner

En français, on dit : « J'ai tourné ». En anglais, on dit : « *Early turn* » (« virage prématuré »).

Que ce soit à – 50 mètres ou – 120 mètres, quand je « tourne », je ressens la même frustration. Je m'invective avec la même force : « Merde, tu t'es loupé. Fais chier ! C'est nul. » La remontée est tellement désinvestie que cela se passe souvent sans souci aucun, le je-m'en-foutisme générant de la décontraction. Et j'accomplis le protocole de sortie avec une telle nonchalance que les amis s'étonnent et croient que j'ai tourné à – 50 mètres quand c'était à – 120 mètres.

Tout se joue entre 30 et 50 mètres, au moment du *mouthfill.* Si l'opération de transvasement de l'air des poumons à l'espace ORL se passe sans difficulté, l'avenir s'annonce radieux. Si des difficultés ou des contretemps surviennent, il y a du souci à se faire, et ça peut aussi bien dégénérer que s'arranger.

En apnée, il est impossible de tricher, de couper le fromage et de faire « comme si ». Il y a la plaquette à remonter, une caméra qui filme le « plomb » en permanence, le profondimètre qui fait foi et le sondeur qui suit le déroulé des choses. Bientôt, je l'espère, les descentes seront filmées en intégralité.

Selon les caractères, les comportements sont assez prévisibles. Il y a les anxieux, qui se font un monde de leurs angoisses et qui tournent régulièrement. Il y a les « tartarins » qui annoncent profond, passent de temps en temps mais se laissent souvent reprendre par le stress et tournent à l'improviste. Il y a les risque-tout, qui vont au maximum quoi qu'ils ressentent et tournent ou tombent en syncope sans s'en formaliser plus que ça.

Je ferais plutôt partie de la catégorie des prudents et des réalistes qui annoncent des profondeurs en dessous de leur potentiel.

Si l'on tourne en dessous de ses limites, les conséquences physiologiques sont inexistantes. Parfois, on met le clignotant juste parce qu'on a fait une erreur technique ou qu'on se sent mal.

Mais quand on tourne proche du fond, les tympans vous sifflent souvent aux oreilles. Certains ont vu leur tympan exploser. C'est assez terrible. La paroi éclate, ça saigne. L'eau rentre dans l'oreille interne. On perd toute notion d'équilibre, on ne sait plus distinguer le haut du bas, il faut se raccrocher au câble pour s'en tirer. Il faut bien compter un bon mois pour s'en remettre. La paroi restaurée est parfois plus solide, moins souple, moins tolérante à la pression, quand la lésion subie n'interdit pas toute pratique.

Je n'ai jamais vécu ce genre d'accident. Mais lors de ma tentative échouée à – 127 mètres, je dois avouer avoir un peu tiré sur les oreilles…

Tourner quand on est déjà bien avancé est assez difficile à vivre. C'est comme un alpiniste lancé à la conquête de l'Everest et qui doit rebrousser chemin à 8 600 mètres. Il y a de la frustration mêlée à de l'exténuation, car le renoncement ne coupe pas court à l'effort. Les alpinistes vaincus doivent parfois lutter plus encore contre les vents mauvais ou la météo impossible.

En apnée, si on tourne, on n'en a pas fini. Il faut là aussi revenir par ses propres moyens. On ne peut pas dire « pouce, je ne joue plus » et se retrouver comme par magie sur le plancher des vaches. On n'est pas dans un jeu vidéo. On est comme en mer, où, quand on veut mettre les bouts, il faut rallier un port avant de pouvoir dételer.

Ne pas confondre avec un abandon qui vous sort du classement et permet de couper tout effort. Lors d'un marathon, on se met sur le bas-côté de la route, on s'écroule sur le macadam, on enlève son dossard. Et voilà tout…

Parfois, on se sent un peu comme ces astronautes d'*Apollo 13*, partis pour un vol habité et qui voient un réservoir d'oxygène exploser. L'équipage se réfugie dans le module lunaire, économise énergie et nourriture, et cohabite dans un espace confiné pas prévu pour toute la troupe embarquée. Empêché d'alunir, l'équipage doit malgré tout faire le tour de l'astre interdit pour profiter de son attraction avant de pouvoir rebrousser chemin et regagner avec difficulté l'atmosphère terrestre.

Bloodshift

À – 50 mètres, le volume de mes poumons est bien loin des 10 litres de la surface. Ma cage thoracique est comprimée par la pression. Leur volume est maintenant de un litre et demi. La suite de la plongée – et elle n'en est qu'au premier tiers – va s'effectuer poumons vides.

En fait, quand les poumons atteignent leur volume résiduel, le *bloodshift*, l'afflux de sang, se déclenche. La paroi pulmonaire aspire du plasma sanguin. Le plasma comble le vide qui se crée. Cela rigidifie la cage thoracique, évite son affaissement et préserve l'intégrité des poumons. Cet afflux de sang intervient non pas à l'intérieur des poumons comme un air de remplacement, mais à l'extérieur. L'entraînement permet de garantir la nécessaire plasticité du tissu pulmonaire soumis à des mutations assez violentes.

Longtemps, les médecins ont mis les plongeurs en garde. Pour eux, au-delà de 50 mètres, le corps allait imploser. Enzo Maiorca approchait ces parages. Il avait beau faire valoir que tout allait bien et qu'il se sentait capable de pousser plus loin, il avait du mal à convaincre la Faculté, à battre en brèche le rationalisme des connaissances de l'époque et à passer outre la prudence compréhensible.

Ce mécanisme du *bloodshift* fonctionne chez les mammifères marins. Le cachalot, l'un des cétacés qui sondent le plus profond, part avec les poumons vides dès la surface.

Il s'agit pour les humains, avec l'entraînement, de réactiver ces dispositifs oubliés depuis notre sortie des eaux originelles.

Je reconnais que pour les pionniers des années 1960, il y a un demi-siècle, cela ne devait pas être simple d'aller à l'encontre des recommandations. Les avis savants des docteurs et autres diplômés étaient beaucoup plus respectés qu'aujourd'hui, où l'internaute moyen peut se constituer un socle de connaissances et envisager, à partir de sa pratique, des hypothèses théoriques propres à mettre à mal l'académisme des savoirs.

Dans ces domaines physiologiques, l'expérience est décisive. Avoir ressenti les choses en situation active la réflexion. Cela permet de balayer devant la porte des évidences poussiéreuses et de dépasser des vieilleries établies depuis Mathusalem.

Le cobaye qui joue sa vie aura souvent raison contre les penseurs de bureau. Mais il devra résoudre une contradiction pas évidente. Il sait qu'il doit tester *in vivo* les hypothèses qu'il a imaginées pour démontrer leur efficience, comme il sait qu'il risque d'y passer s'il a raisonné comme un tambour.

Médecines parallèles

Je suis assez content que l'univers de l'apnée ait battu en brèche les certitudes du scientisme. Les poumons devaient exploser à 50 mètres ? En poids constant, l'homme descend à 128 mètres. En *no limit*, un organisme humain a fait un *touch and go* à 214 mètres.

Je fais un peu les mêmes réserves envers la médecine occidentale qu'envers le cartésianisme inhérent aux sciences dites exactes.

La médecine occidentale a bien sûr réalisé des progrès incroyables. Tout ou presque peut être traité. M'impressionnent particulièrement les évolutions de la médecine d'urgence et de la chirurgie. Les interventions lourdes, avec des techniques performantes, avec une artillerie chimique qui frappe violemment, peuvent résoudre des situations très critiques.

Chez nous, le corps n'est pas vu comme un ensemble, mais comme une addition d'unités indépendantes, dont on va traiter séparément les maux en fonction des symptômes. Mal au ventre, il y a le gastro-entérologue. Mal à la gorge, il y a l'ORL. Problèmes de peau, le dermato. Etc.

Mon médecin traitant est un généraliste, mais il est en même temps homéopathe et acupuncteur. Il me parle d'alimentation et de psychologie, me soigne grâce à l'acupuncture selon les préceptes de la médecine chinoise, vieille de trois mille ans. Il ne s'attarde jamais sur les symptômes, me voit comme un ensemble, fait confiance à l'intelligence du corps en lui donnant un coup de pouce.

Sinon, je passe régulièrement entre les mains expertes de mon ostéopathe, Nicolas Demaneuf, qui veille à corriger les déséquilibres générés par l'entraînement intensif.

La médecine orientale, les médecines douces, dites parallèles, me correspondent mieux par leur approche préventive et la vision unifiée du corps et de l'esprit. Mauvaise alimentation, hygiène de vie déplorable, allergies chroniques, stress incontrôlé, tels sont les maux du XXIe siècle auxquels la médecine classique ne répond que par médicaments et antidépresseurs.

Ma belle-sœur Carole m'a introduit à l'univers de la fasciathérapie, une approche développée par Danis Bois. Cette thérapie manuelle extrêmement douce agit sur les fascias, fines membranes qui enveloppent muscles et organes. Elle remet le corps et l'esprit en harmonie.

Les fascias sont animés d'un mouvement interne. Lors d'un traumatisme physique ou émotionnel, des tensions se créent sur le fascia. Elles entraînent des blocages de son mouvement, se répercutent sur l'équilibre général du corps et perturbent la dynamique de guérison. Grâce à la fasciathérapie, Carole m'a soigné une tendinite tenace qu'aucune autre méthode n'avait pu traiter.

L'Occident a toujours pensé le corps comme élément second, comme le valet de l'esprit, comme le sous-fifre de la psyché. À la limite, l'enthousiasme occidental pour la psychanalyse n'est que l'autre versant d'une même conviction, à savoir que l'esprit mène le monde et que le corps n'est que le lieu du problème à résoudre ou de l'expression de la névrose.

Alors qu'en remettant à égalité corps et esprit, on doit pouvoir penser plus finement les entremêlements et tirer parti de potentialités inexploitées du corps humain. Comme dans le domaine de la transmission de pensée, sur laquelle travaillaient les Soviétiques avant l'explosion de l'URSS.

Il est certain que la logique mécaniste, causaliste, qui est la nôtre atteint ses limites quand il s'agit de penser le trauma comme la partie d'un tout, d'un problème plus vaste, comme un symptôme aux origines multiples, entrecroisées.

Le jeûne

Dans cette quête de la connaissance du corps, ma curiosité naturelle me mène vers le jeûne. Je cesse bien de respirer pendant sept minutes. Pourquoi ne pas cesser de s'alimenter pendant sept jours ? Voyez dans cette tentative un mélange de challenge, d'expérience physico-psychologique et surtout une volonté de me purifier, de me purger avant d'attaquer une longue saison d'entraînement.

Tout comme j'ai adapté mon corps à la privation d'O_2 avec patience, je suis les conseils des experts pour la réalisation de mon premier jeûne. Je choisis la formule douce : 20 centilitres de jus de fruits le matin, un bouillon de légumes le soir et de l'eau en illimité.

Le premier jour est excitant. C'est la nouveauté qui fascine, même si l'organisme est tiraillé par la faim. Le deuxième jour est le pire. La faim est omniprésente physiquement et mentalement. Des burgers virtuels surgissent à chaque instant.

Ensuite, la sensation de faim disparaît, le corps devient léger, une douce sensation d'euphorie s'installe, l'esprit se clarifie. La créativité et l'imagination sont nourries d'une force invisible. Le sommeil est plus qualitatif et moins quantitatif. Le corps change de mode, s'adapte, et je deviens le spectateur enchanté de ses prouesses.

Le sixième jour, je pars en montagne faire une randonnée à raquettes, accompagné par Cédric, mon ancien colocataire. Par précaution, j'ai pris dans mon sac quelques figues séchées pour pallier une éventuelle défaillance.

Cédric, qui a pris un petit déjeuner trois heures plus tôt, fait une hypoglycémie. Je lui donne mes vivres. Je n'ai besoin de rien. Je vole sur la neige alors qu'il n'est pas au mieux. Allez comprendre !

Au septième jour, je reprends en douceur, sans envie. J'ai même eu peur de ne plus jamais avoir faim ! Heureusement, comme le vélo, la faim ne s'oublie pas !

Dopage ?

Qu'est-ce qui pourrait être intéressant, en matière de dopage, pour un apnéiste ? Des bétabloquants, pour ralentir le rythme cardiaque, baisser le stress, se libérer de la tension ? Sauf qu'à – 100 mètres, impossible de dire comment réagirait le cœur.

De l'EPO, pour augmenter la capacité de stockage en O_2 dans le sang et ainsi augmenter le temps d'apnée ? L'EPO a tendance à épaissir le sang. Dans une activité où la circulation sanguine est bouleversée par les phénomènes de réflexe d'immersion et de *bloodshift*, cela tiendrait de la roulette russe.

Inhaler de l'oxygène pur ? Pourquoi pas, sauf qu'à – 6 mètres, l'oxygène pur devient toxique et que l'apnéiste suroxygéné ferait rapidement une crise d'hyperoxie, entraînant convulsions, syncope et tétanie.

Bétabloquants, EPO et oxygène pur, voilà le cocktail le plus dangereux qui soit pour un apnéiste vertical. En piscine, en apnée statique ou en apnée dynamique, cela peut être intéressant, car on reste au niveau de la mer. Mais en profondeur, toute tentative de dopage ressemblerait à une tentative de suicide.

Il n'existe aucun cas connu de transgression de ce genre. Les contrôles antidopage organisés par l'AIDA lors des records et des compétitions n'ont rien révélé. Au début, l'AIDA a joué sa partition en solo. La FFESSM ne voulait pas entendre parler d'apnée profonde. Elle trouvait ça trop dangereux, trop transgressif, trop révolutionnaire. Elle supportait mal de voir ces allumés du caisson vouloir revivre les sensations extrêmes popularisées par *Le Grand Bleu*.

La FFESSM préférait continuer à s'occuper de la plongée avec bouteilles, de la chasse sous-marine et de l'apnée à moins de 40 mètres.

En 2002-2003, un rapprochement s'est amorcé. La FFESSM a commencé par s'intéresser à la piscine quand l'AIDA a continué à s'occuper des records absolus, des descentes vers les gouffres hurlants.

Aujourd'hui, les relations sont fluctuantes. La FFESSM reconnaît et organise de plus en plus de compétitions et commence à lorgner sur la profondeur. Un jour viendra où nous œuvrerons ensemble pour le développement de l'apnée, au-delà des intérêts politiques.

Paradoxalement, j'ai apprécié qu'on nous fasse porter cette houppelande de marginaux, qu'on refuse de nous accueillir au sein de cette fédération trop anxieuse et fermée à l'époque. Cela nous a donné une liberté forte et la responsabilité totale de nos actions. Et aussi la conscience que nous inventions notre propre modèle, sans rien demander à personne, sans rien devoir à quiconque. Et ça, c'était assez jubilatoire.

Voler sous l'eau

Autour des – 50 mètres, je suis en chute libre, et c'est un moment exagérément jouissif. Je tombe le long du câble, mais il ne faut pas s'y tromper. Je ne suis pas dans un tunnel dont il me serait interdit de sortir.

Si, pour la performance, je me plie à cette obligation, cela n'empêche pas ma fantaisie d'y trouver son compte. La contrainte sportive ne peut endiguer le sentiment d'exaltation.

Autour des – 50 mètres, j'éprouve une impression de liberté extrême, je réalise que je peux voler sous l'eau, comme je pourrais le faire dans l'air, lors d'une chute libre, avant que le parachute ne se déploie. Je réalise que je peux me déplacer dans le liquide comme je le ferais dans un gaz.

Bien sûr, l'impression de vitesse est moins décoiffante sous l'eau, mais le bonheur d'être libéré de l'entrave de la gravitation est autrement plus présent, car plus doux, plus durable et indubitablement plus complet que dans les airs, où la rapidité de l'évolution des données et la nécessité de s'adapter *presto* fait monter en mayonnaise la délectation ressentie, au risque de la faire tourner au vinaigre.

Wingsuit

Sur Arte, dans l'émission *Tracks*, je découvre un jour un reportage sur Loïc Jean-Albert. Du côté de Verbier, en Suisse, il se jette de l'hélicoptère au-dessus des montagnes. Il déploie son aile de chauve-souris, sa *wingsuit*, une sorte de combinaison de super héros qui lui donne assez de portance pour évoluer en choucas dans l'air brûlant des ascendances. Il se dirige vers la falaise et suit sa pente à 5 mètres de la paroi rocheuse pendant de longues secondes.

En Norvège existent aussi des tribus de *soul flyers*, qui ne vivent que pour ces expériences ultimes de vol avec moins que rien, de métamorphoses en oiseaux des parois.

Je suis sous le choc. Je regarde leurs évolutions en boucle et je me dis : « Il faut qu'on fasse la même chose sous l'eau. »

Avec François Gautier, moniteur au club d'apnée mais aussi responsable de la sécurité sur mes entraînements profonds et ami de longue date, on commence à réaliser quelques vols sous-marins ensemble, avec nos palmes, chargés de plombs.

On vole côte à côte, telle une escadrille de l'armée de l'air. Pendant des années, ça sera notre code. « On se fait une escadrille ? » Phrase annonciatrice d'un shoot d'adrénaline diluée par Archimède qui limite notre vitesse. Petit à petit se construit dans mon imaginaire l'idée de mettre en images ces vols.

Dean's Blue Hole

Situé aux Bahamas, Dean's Blue Hole, trou dans l'eau qui jamais ne se refermera, est le plus profond du monde.

On est sur Long Island, famélique et longiligne langue de terre de 130 kilomètres de long et de 6 kilomètres de large au maximum.

Quatre mille habitants permanents sont dispersés dans ce paradis terrestre assez ennuyeux, sable, soleil, cocotiers, alizé balayant le tropique du Cancer. Ils sont rejoints régulièrement par quelques rares touristes qui viennent s'agglutiner dans le seul hôtel *resort* au nord de l'île, loin du trou bleu, et par les apnéistes, qui croisent moins de porteurs de valises et de défiscaliseurs voyous qu'à Nassau ou sur quelques autres paradis fiscaux de l'archipel.

À l'ouest de Clarence Town, il y a un cirque naturel, dominé par une falaise de calcaire. Ce lagon particulier est protégé de l'océan Atlantique par une barrière de corail et agrémenté d'une parfaite plage de sable blanc. À quelques brasses, il y a un puits d'eau de mer aux contours bleu marine.

Le Dean's Blue Hole est le trou bleu le plus profond du monde. Ce gouffre riant atteint 202 mètres quand son dauphin, situé au Belize, ne dépasse pas 122 mètres. Dean est donc l'endroit idéal pour accueillir les compétitions d'apnée. William Trubridge y a élu résidence six mois par an et organise chaque année une grosse compétition internationale, le Vertical Blue.

Sa circonférence est d'une trentaine de mètres en surface, mais plus bas, Dean's s'évase en une caverne d'une centaine de mètres de diamètre. Et des goulottes et des conduits naturels permettent à l'eau de mer d'y pénétrer pour s'y renouveler et éviter que l'endroit ne vire au réservoir d'eau saumâtre.

Dean n'est pas le cratère d'un volcan inondé. C'est la montée des eaux voici des milliers d'années et le forage dans le gruyère du calcaire qui ont façonné ce magnifique site à l'extravagance toxique, par effondrement de la barrière de corail.

Tomber dans le trou

Avril 2010. Je suis au bord du Dean's Blue Hole pour une compétition.

Julie vient de me rejoindre. Elle est modèle sous-marin sur les expéditions de Gregory Colbert, un photographe-cinéaste très coté qui réalise une exposition artistique itinérante dans les plus grandes capitales du monde. Il met en images avec poésie la relation homme-animal, sur terre et en mer, en Asie comme en

République dominicaine. Julie a quinze jours de break et elle débarque à mes côtés.

Un soir, nous allons boire un verre chez Herbert Nitsch. Il nous montre une vidéo qu'il a tournée en Micronésie. Nous nous regardons, Julie et moi. Au même instant, ça fait *tilt* dans nos têtes.

Nous partageons une envie latente de tourner une vidéo. Documentaire ? Fiction ? Nous ne savons pas vraiment. C'est à la fois un besoin d'expression artistique qui rôde dans les vestiaires de nos activités principales et nous empoigne parfois avant de disparaître pour aller se terrer dans les soubassements de nos désirs inaboutis, et un souhait d'œuvrer en commun, de jouer groupé, de laisser une trace de notre passage éphémère, de transformer nos sensations volatiles de sportif, de danseuse, et de les imprimer sur un support pérenne.

Nitsch a réalisé son petit film avec un Canon 5D Mark II qui fait photo et vidéo. L'appareil coûte 2 500 euros, le caisson sous-marin vaut 2 000 euros et il faut ajouter 1 500 euros pour les objectifs.

Nous possédons le même matériel que lui. Tout est possible, rien n'est compliqué, allons-y !

Cette idée du vol sous l'eau me trotte dans la tête depuis si longtemps. Ce trou bleu est le décor idéal. Je vais faire quelques pas et me jeter dans le trou sans fond qui fait la réputation de ce spot des Bahamas et dont la proximité avec la plage à cocotiers facilite l'organisation des compétitions d'apnée. Julie va filmer.

Emballez, c'est pesé ! C'est juste histoire de faire au lieu de dire, au lieu de rêvasser.

Le scénario n'est pas vraiment élaboré. 1) Je marche sur le sable depuis la surface, dans le bleuté des eaux vives. 2) J'arrive devant le noir absolu qui attire et effraie. 3) Je me penche, j'hésite, je marque un temps d'arrêt. 4) Je me jette dans le vide.

Aussitôt dit, aussitôt fait.

C'est un après-midi. Le matin même, en compétition, j'ai plongé à – 106 mètres. Au lieu de faire la sieste et comme à l'habitude, je me mets à l'eau. Julie me suit, caméra au poing. Apnéiste de talent, elle comprend immédiatement ce qui va se passer, où il faut se placer, comment résoudre les difficultés. Elle sait cadrer avec souplesse, anticiper sur mes mouvements et économiser nos forces et nos souffles. J'ai deux, trois idées de plans très précis, inédits, qui vont marquer les esprits. Mais il faut que Julie parvienne à braver les difficultés techniques pour les faire exister. Une seule prise suffit. Elle met en boîte exactement ce que j'ai en tête, comme par magie !

Nous réalisons la séquence de chute libre. Nous sommes assez contents de ces petites taches blanches, quasi spectrales, qui éclairent la nuit des abysses. Ce sont les paumes de mes mains et la plante de mes pieds nus, tandis que mon corps corseté de Néoprène se fond dans le noir de la nuit d'en bas.

Le soir, nous faisons un montage rapide, avec iMovie, le logiciel amateur de Mac. Nous greffons dessus un morceau de musique d'Archive, *You Make Me Feel*, qui était présent dans la playlist de mon téléphone. Avant de tourner, intuitivement, je savais déjà quelle musique nous allions utiliser.

Nous sentons que nous tenons quelque chose, quelque chose de différent de tout ce qui a été fait dans le genre. Il manque encore un début et une fin à cette séquence pour en faire un objet satisfaisant.

Nous tournons mon entrée dans l'eau. Je marche, pas à pas – je ne nage surtout pas, nous nous appliquons à supprimer tout référentiel aquatique. Il s'agit de faire un film sous-marin qui le soit le moins possible.

Julie met parfaitement en images ma progression jusqu'au Dean's Blue Hole, devant lequel je me tiens bras croisés sur la poitrine dans une attitude de refus et de réflexion mêlés, d'indécision revêche et de fascination refoulée.

Nous ajoutons le pseudo-atterrissage au fond dans un poudroiement de sable, les secondes d'incertitude, les regards à droite, à gauche. Va-t-il remonter ? Restera-t-il dans les limbes de la mer ?

Ensuite, il y a l'escalade retenue, fluide, comme scénographiée. Je m'élève sur le tombant qui fait office de falaise, comme si la plongée et la grimpe étaient des domaines jumeaux. Descendre, monter, glisser le long des falaises, progresser à mains nues sur les tombants. Risquer la chute, choisir de chuter libre…

La postproduction

Quand le montage est à peu près achevé, très content de notre affaire, nous nous empressons de le faire voir à nos copains apnéistes. Sous les vérandas des *guesthouses* et des petites locations des Bahamas, *Free Fall* fait son effet.

Avec Julie, tortillant une modestie contrite qui ne trompe personne, surtout pas nous-mêmes, nous nous gargarisons des « *Awsome !* » (incroyable !), des « *Whaoo* », des « Mais comment vous avez fait ça ? » et des « C'est la meilleure vidéo d'apnée qu'on ait jamais vue ».

Nous roucoulons de plaisir, répétant sans nous lasser la genèse de la chose, détaillant le point de départ, la philosophie de l'histoire, le scénario maigrelet, les ajouts du début et de la fin, le *modus operandi*, le choix de la musique.

Nous nous régalons de notre petit succès local, que nous pensons bien pouvoir élargir grâce à Internet à la tribu des fans d'apnée, et pourquoi pas, grâce aux gens sensibles à la chose maritime et aux expériences un peu ultimes connectés à la nature. Mais nous sommes à des années-lumière d'imaginer le déferlement numérique qui nous attend.

Impatient, je veux mettre *Free Fall* en ligne sans attendre, et le partager *fissa* sur YouTube.

Plus pro, plus consciente de la qualité du produit, Julie freine des quatre fers. Elle sait pertinemment qu'en matière de qualité technique, on est loin du compte. Elle répète : « Il faut étalonner les couleurs, stabiliser l'image. Il faut vraiment qu'on montre ça à Jérôme pour qu'il nous arrange le coup. On tient un gros truc, ce serait dommage de se précipiter, de bâcler. »

Dès notre retour à Nice, Jérôme Espla, copain cameraman sous-marin, producteur, réalisateur et par la force des choses monteur, étalonneur, nous bidouille tout ça au mieux. Il stabilise deux, trois plans un peu valseurs, harmonise les couleurs qui se bavaient dessus. Lui aussi est soufflé par le potentiel du sujet.

La diffusion

Le 30 mai, vers 23 heures, je poste *Free Fall* sur YouTube. Je mets un lien sur mon profil perso Facebook, ainsi que sur ma page pro sur Twitter. Et c'est tout !

Nous attendons. En quelques heures, nos amis découvrent le film, nous inondent de félicitations et partagent le lien.

La chaîne virale est amorcée. *Free Fall* atteint cent mille vues en une journée. Au dixième jour, à Kalamata, le million est atteint et nous nous autorisons une coupe de champagne malgré la compétition en cours.

Le *Huffington Post* et Yahoo.com publient un article qui s'intitule : « Un plongeur arrive au fond du trou ».

Lance Armstrong le reprend sur son compte Twitter, qui compte un million de *followers*. Il poste : « *Look at this video, it's bad ass.* » Le lendemain, on passe de un million à deux millions et demi ! Nous ne contrôlons plus rien.

Aujourd'hui, on est à quinze millions de vues, et ça continue au rythme de dix mille par jour.

Trois ans après, on continue à nous remercier, à nous féliciter. Au Salon de la plongée, nous avons passé trois jours non-stop à nous faire alpaguer et taper sur l'épaule. Gentils, les gens s'excuseraient presque de nous féliciter, pensant qu'on finit par se lasser de toute cette sympathie gluante. Eh bien, pas du tout ! C'est toujours comme si c'était la première fois, aux Bahamas, quand les copains ont arrondi les yeux, mis la bouche en O et applaudi.

Je suis content de voir ce bonheur dans les yeux des spectateurs. J'essaie de les remercier à la mesure de cette reconnaissance qu'ils nous témoignent.

Du Grand Bleu à Free Fall

Il est difficile de comparer l'impact de *Free Fall* à celui du *Grand Bleu*. Le film de Luc Besson est un long-métrage avec acteurs de talent qui a déclenché un profond mouvement de fascination pour l'apnée et ses héros.

Le second est un format court, adapté au Net, tourné par des passionnés qui n'en sont pas moins des débutants dans ce registre. Pourtant, comme *Le Grand Bleu*, *Free Fall* a conquis une audience, a fédéré au-delà de la tribu des convaincus et continue à attirer des myriades de gens qui ne s'étaient jamais soucié de la mer et de son environnement.

Dans un autre registre, le documentaire le plus émouvant et le plus original dans le domaine est certainement celui consacré à Loïc Leferme et diffusé sur Arte, cinq jours après sa mort : *Les Chemins de profondeur*. Le sujet est à la fois très beau et très morbide, quasi prémonitoire. On peut penser que Loïc annonce sa disparition, tant les images sont ambiguës et tant son discours évoque souvent son rapport à la mort.

On le voit sur un bateau, visage impassible, apaisé, les deux mains sur la poitrine comme dans son cercueil. Après coup, cela me glacera le sang.

Il y a aussi l'image du record de 2004, où il arrive au fond à 171 mètres et où… il ne remonte pas. Les apnéistes ne font jamais ça. Je ne sais pas si c'est de la superstition ou juste un refus d'imaginer le pire, mais le milieu de la plongée s'interdit de faire des documentaires où l'apnéiste ne réémerge pas.

Au début, *Free Fall* se finissait dans le noir, je disparaissais dans le ventre du monstre. Nous avons changé afin d'allumer une lueur d'espoir, de tenir en respect le tragique qui rôde dans les catacombes bleutées que nous osons visiter, en courant vers notre risque et en serrant notre chance.

La faveur de *Free Fall* vient sûrement aussi de cette *happy end*, de ce message d'espoir, de cette conviction qu'on peut se laisser un moment happer par la beauté fade du renoncement et puis donner un coup de talon au fond de la piscine où croupit le marasme et remonter pas à pas vers les hauts.

Questions images, je ne suis pas un obsessionnel de mon secteur. La référence, pour moi, c'est la série

Planet Earth de la BBC. En dix épisodes, avec énormément de moyens, elle met en scène les océans mais aussi les forêts, les déserts, les plaines, les jungles, la glace, sans parler de l'interaction entre les animaux, les végétaux et leur environnement. C'est la plus belle carte de visite pour présenter l'extraordinaire diversité de la Terre à un visiteur venu d'ailleurs. Je suis amoureux de la planète dans ce qu'elle peut avoir de beau et je ne veux surtout pas me restreindre à mon domaine de compétences.

Au départ, je n'ai pas une culture cinématographique extravagante. J'apprécie autant *Drive* avec Ryan Gossling pour la tension et la beauté photographique de chaque plan, *Slumdog Millionaire* pour son scénario original, *Requiem for a Dream* pour sa réalisation parfaite et *Mulholland Drive* pour le génie de David Lynch.

L'anticipation me fait vibrer, autant en littérature qu'en cinéma. *1984* d'Orwell reste une référence incontournable. *Sunshine* de Danny Boyle, le réalisateur de *Slumdog Millionaire*, raconte l'histoire d'un vaisseau spatial en route pour sauver le Soleil, en train de s'éteindre, condamnant l'humanité. Et je me suis senti en phase avec *Abyss*, de James Cameron, avec cette idée de nouveaux mondes, cette quête de nouvelles planètes.

Grâce à Julie, je regarde désormais les films avec un œil neuf. Je repère les différents plans, les mouvements de caméra.

Julie et moi avons déjà fait des doublures pour des cascades sous-marines dans des clips et dans un film présenté à Cannes, *Chantrapas*. Julie a même failli doubler Halle Berry dans *Cloud Atlas*, pour des scènes sous l'eau.

Après *Free Fall*, le réalisateur Mike Cahill, auteur d'*Another Earth*, qui a remporté le prix spécial du jury au festival Sundance, nous contacte. Il a un projet et aurait besoin de mes compétences d'apnéiste pour jouer le personnage principal. Cela ne s'est pas fait encore. Mais je ne laisserais pas passer une telle opportunité de faire connaître mon univers par un autre biais que celui de la compétition. S'il me le propose, j'arrête tout et je file en Californie pour vivre l'aventure, en famille.

Publicités

Vite, très vite, les appels déferlent. Et les propositions financières déboulent, à notre plus grande surprise. Elles nous mettent dans l'embarras pour définir des tarifs, nous qui n'avons pas encore d'agents, qui n'y connaissons rien à tout ce barnum, mais qui savons bien qu'il est important de ne pas traiter tout cela de façon négligente, avec un amateurisme assez rêveur.

Je suis heureux de faire de l'apnée, mais ce n'est pas une activité d'une rentabilité folle, pour user d'un euphémisme. J'ai envie d'aller au bout de cette passion. Je veux pouvoir y consacrer toute mon énergie. Et puis, j'ai alors 28 ans, je ne suis plus un perdreau de l'année. Il faut que je pense à demain.

Pour Julie, c'est un peu la même chose. *Free Fall* témoigne de ses capacités de cadreuse, de son talent de réalisatrice. Elle était danseuse, modèle sous-marin, mais avec *Free Fall*, elle accède à un niveau supérieur. Cela lui donne confiance en ses moyens, en son talent. Sans *Free Fall*, elle n'aurait jamais songé à initier le projet de *Narcose*, un court-métrage plus ambitieux, plus scénarisé. Alors, quand les sollicitations affluent, nous y répondons. Comme nous pouvons…

1) La chanteuse finlandaise Tarja Turunen veut récupérer deux minutes de *Free Fall* pour les injecter dans un de ses clips. Nous savons juste qu'une minute d'archives vidéo se négocie à 1 500 euros. Nous multiplions par cinq et proposons 7 500 euros la minute. On transige à 6 000 euros. Ça fait 12 000 euros.

2) Les voitures Hyundai veulent trente secondes pour une pub en Corée. Panique à bord ! Comment négocier ? Sur quels tarifs s'appuyer ? Lors d'un premier contact, je tente 7 000 euros pour trente secondes. Deux fois plus cher que pour un clip, j'ai l'impression d'avoir bien mené ma barque.

Le soir, je joue les affairistes contents de l'être en dévidant ma satisfaction. En pleine nuit, Julie me réveille, me secoue, me répète que ce tarif est stupide, que nous passons à côté du pactole, que nous sommes incapables d'estimer notre talent à sa juste valeur. Au matin, les yeux cernés, elle me lance :

« Tu les rappelles. Tu leur dis que tu as réfléchi et tu annonces : 85 000 euros.

— Tu es folle ! Ils vont me prendre pour un branquignol. Et d'où tu sors 85 000 euros, d'ailleurs ? »

L'intermédiaire tire la tête et prétend que cela ne passera jamais. À tout hasard, je persiste et signe. Divine surprise, les Coréens acceptent. Mieux, la publicité ne sera diffusée qu'à la télévision coréenne. Ce qui évitera de déflorer exagérément les images et d'user leur impact par une surdiffusion.

3) Une marque de cosmétiques masculins. Mes performances d'apnéiste n'auraient pas suffi à me faire élire égérie du numéro un des cosmétiques masculins et à imprimer mon visage sur toutes les boîtes de crème. Le côté artiste de *Free Fall* a mis en avant les atouts de l'apnée, qui ne se réduit pas à des exploits sportifs. L'apnée, c'est un mode de vie de plein air, un univers symbolique et poétique en phase avec les

éléments, un domaine où la conquête de l'extrême se marie avec un goût pour la spiritualité, la réflexion sur soi, le développement personnel. Un apnéiste, c'est à la fois un cosmonaute et un yogi, un sportif et Gaston Bachelard.

Ce contrat m'a permis de découvrir le monde du marketing, celui des séances photo, et de signer avec l'agence Marilyn, qui me représente désormais.

Longtemps, je me suis moqué des autres concurrents qui se crémaient le visage. Je me foutais de Loïc, le baba très écolo, très nature, qui lui aussi s'huilait le visage. Il me répondait : « Fais pas chier, je prends soin de moi. Tu verras quand tu auras 30 ans. »

Et je dois reconnaître que moi aussi, aujourd'hui, je m'hydrate après mes plongées salées pour éviter d'avoir une trogne de boucanier, pelée et rougeaude. Et cela, c'était déjà avant les 60 000 euros reçus. Si, si, je vous assure.

Le succès et son inévitable malentendu

Les films sous-marins ont longtemps exploré deux uniques registres : le documentaire à la Cousteau, célébrant la beauté des fonds et donnant des indications biologiques, écologiques, scientifiques ou le récit d'une compétition ou d'un exploit, mettant en avant la performance.

Free Fall injecte de la poésie et de l'étrange dans un univers difficile à montrer. Nous avons voulu semer le trouble dans la tête du spectateur. Le personnage de *Free Fall* n'est pas un apnéiste, il marche, il avance, hésite, saute, tombe, atterrit, il remonte, il s'extirpe de tout ça, et revit à la surface.

Nous avons aussi mixé les éléments pour augmenter la perplexité, pour déboussoler plus encore, pour que l'on ne sache plus où l'on est, ce qui est solide, ce qui est liquide, qui monte, qui descend, qui marche, qui nage. L'air et l'eau se brouillent et se confondent. La terre et la mer se perdent de vue pour mieux se retrouver, s'épouser, se mêler.

Surtout, les gens ont vraiment cru que, sans trucage, sans effets spéciaux, je descendais au fond du trou et que j'en remontais, sans palmes, sans câbles, que j'étais parvenu à 200 mètres au-dessous du niveau de la mer et que j'en revenais, posément, comme on gravit une voie dans le Verdon.

Nous pensions que ce petit film n'allait tourner que parmi les passionnés d'images maritimes qui savent bien ce qu'il en est, des possibilités et des impossibilités.

Mais sa diffusion pharaonique a conquis un large public, incapable de faire la part des choses et perturbé par sa méconnaissance de la réalité géographique. Alors, je le répète à qui veut l'entendre : *Free Fall* est un film artistique, poétique, une fiction. Je ne suis pas allé toucher le fond du trou.

Comme le dit Jean d'Ormesson, « dans ce monde inépuisable, il n'existe que deux voies pour tenter d'en rendre compte : l'art et la science ».

Surtout, le véritable héros de *Free Fall*, c'est le trou, sa symbolique, sa force d'attraction, la vie qui en sort, la mort qui y ramène. Le « trou » maternel d'où l'on vient. Le « trou » de la tombe où l'on sera enseveli. Ce trou dont il faut affronter la noirceur pour mieux s'en extirper. Ce trou dont l'on touche le fond pour s'en extraire lentement, et doucement regagner la lumière.

Vu l'exiguïté du puits d'eau, la lumière y pénètre fort peu et c'est assez vite l'outre-noir qui nous enserre, sans jamais soulager l'angoisse qui monte. On a l'impression d'être au centre de la galaxie. On pourrait aussi se croire dans le nombril inversé d'un monde atteint de monstruosité, transformant en ligne de vie l'ombilic de Nylon qui joint haut et bas, verticalité tendue comme une corde de violon.

6

Exploration (– 100 mètres)

L'annonce et le chiffre 100

Célèbre dans le système décimal, le chiffre 100 est mythifié dans le domaine sportif. Et atteindre les – 100 mètres fut longtemps le Graal des apnéistes. Il s'agissait d'être le premier au monde à – 100 mètres en poids constant, comme, sur 100 mètres, Usain Bolt est le plus rapide.

Le Vénézuélien Carlos Coste fut le premier à passer les 100 mètres de façon officielle, en 2004.

J'ai passé les 100 mètres, chez nous à Villefranche, en 2005. Je ne sais pourquoi, mais je faisais une fixation sur ce chiffre que j'ambitionnais d'atteindre. Fatigué de tout ça, Claude Chapuis me lançait : « T'as qu'à compter en pieds comme les Anglais, comme ça tu ne nous feras plus chier avec – 100 mètres… »

Ce jour-là, ce jour qui ressemble à un rituel d'initiation, ils sont tous là à me faire la fête et à filtrer mon « ouf » de soulagement. François Gautier fait mousser les bulles. Ils savent mieux que moi que ce n'est qu'une étape, que je ne vais pas m'arrêter en si bon chemin quand je peine encore à me convaincre de mon potentiel.

Le monde de la profondeur est un univers où il faut prendre ses responsabilités. La réussite d'une performance est conditionnée par l'annonce à l'avance de la profondeur tentée, clef de voûte de la réussite. Il faut savoir de quoi on est capable, le crier haut et fort, et prouver ensuite qu'on l'est vraiment.

C'est une singularité propre à l'apnée profonde, qu'elle ne partage qu'avec le saut en hauteur et le saut à la perche. Lors de l'annonce, on se dévoile, on se met à nu, on s'offre aux commentaires, critiques, jugements des autres. L'annonce, avant même qu'elle ne soit dévoilée au monde, est un engagement qu'on prend avec soi-même et devant les autres et que l'on se doit d'honorer. Son impact psychologique est énorme et sa gestion émotionnelle conditionne bien souvent à elle seule la réussite ou l'échec de la performance.

Prenons l'exemple du saut à la perche et l'incontournable barre des 6 mètres, dont le franchissement élève l'athlète en suspension au rang de légende. Combien ont franchi 5,90 ou 5,95 mètres avec une marge de 20 centimètres, pour se heurter ensuite systématiquement au mur des 6 mètres.

En apnée, une performance annoncée doit être réalisée, pour obtenir le maximum de points. Lors d'une compétition, si je m'arrête à 2 mètres de la profondeur visée, je serai sanctionné par des points de pénalité.

Si c'est une annonce de record de France ou du monde, le record est homologué si et seulement si je réalise la profondeur annoncée et si je remonte à la surface la plaquette témoin.

Un athlète qui annonce – 130 mètres, qui s'arrête à un mètre du fond, sera bien allé à – 129 mètres, mais ne décrochera pas pour autant le record du monde.

À l'entraînement, nous cultivons une dynamique de réussite, avec comme objectif premier la réalisation de la performance annoncée.

Chaque annonce pour une plongée d'entraînement est donc abordée avec autant de minutie et de précautions que lors d'une compétition.

L'idéal serait que l'entourage vous y envoie en sachant que vous en êtes capable, mais sans dire la marque que vous allez tenter. Vous ressortiriez la bouche en cœur pendant qu'ils attendraient avec le champagne, la pancarte commémorative, les hourras rieurs et les battements de mains qui éclaboussent.

Cette idée des tentatives à l'aveugle, je l'ai depuis un moment, et dans les conversations de café des apnéistes elle revient souvent. J'ai décidé de mettre cette idée, ce fantasme, en application. L'été 2014, je vais planifier quatre semaines de progression, à raison de trois ou quatre plongées profondes par semaine, comme si au bout je tentais un record ou participais à une compétition.

La nouveauté, c'est qu'à aucun moment je ne connaîtrai la profondeur tentée, ni la profondeur réalisée. Je n'aurai comme élément d'analyse que mes sensations. Un groupe de trois personnes en décidera sans jamais me communiquer la précieuse information. Cela n'a jamais été fait. Je vois cette aventure comme une expérience scientifique et psychologique, bien plus qu'un exploit sportif.

Se détacher totalement du chiffre, omniprésent dans notre culture du résultat, est une reconnexion avec l'essence même de l'activité. Celle-ci ne devrait être qu'écoute du corps et maîtrise du mental. C'est un retour aux sources, comme quand Claude ne voulait pas que j'aie de montre ou de profondimètre, afin que je plonge sans pouvoir surveiller la profondeur atteinte.

J'ai déjà choisi les trois « savants » dont je serai le cobaye, entre les mains de qui je vais abandonner toute considération numérique : François Gautier, Christophe Lyonnard, Morgan Bourc'his.

François Gautier est le responsable technique-sécurité. Il est présent à chaque entraînement. Il a été responsable sécurité lors de mes records du monde à – 109 mètres et – 113 mètres. Il a l'approche du vieux pêcheur qui connaît la mer et ses caprices. Il a une rigueur maladive. Je lui fais une confiance aveugle quand je m'enfonce dans les abysses.

Christophe Lyonnard est mon préparateur physique depuis deux ans. Il est surtout mon conseiller, membre de mon équipe de sécurité et ami depuis plus de dix ans. Il était déjà à l'eau sur mon premier record du monde en 2002, à – 87 mètres. C'est un confident privilégié pour l'approche mentale.

Morgan Bourc'his est champion du monde en poids constant sans palmes et recordman de France (– 89 mètres), membre de l'équipe nationale depuis 2006. Nous avons partagé sept championnats du monde et le dernier Vertical Blue 2012 (– 123 mètres). C'est un ami sur qui compter. Il est l'apnéiste qui me connaît le mieux. Nous ne sommes jamais avares de conseils l'un envers l'autre.

À eux trois, ils décideront de mon destin, et c'est un peu de ma vie que je mettrai entre leurs mains.

Je communiquerai autour de l'expérience, pour partager avec le plus grand nombre et notamment avec la communauté sportive qui sera sans aucun doute intéressée par l'aventure. Je veux m'associer à des spécialistes en psychologie et préparation mentale pour analyser les résultats.

Engagement et responsabilité

L'apnéiste suit un peu la même logique que les alpinistes ou les marins. C'est lui qui décide s'il part, qui estime s'il s'en sent capable, qui prend son risque en individu libre et conscient sans le faire endosser par d'autres, c'est lui qui rebrousse chemin avant qu'il ne soit trop tard, car il n'y a pas de système d'assistance assez performant pour venir à la rescousse à temps.

En mer et en montagne, cet esprit des origines, cette ultraresponsabilisation a moins cours. Grâce aux systèmes de géolocalisation, des remorqueurs marins ou des hélicoptères d'altitude peuvent venir récupérer les naufragés et les personnes bloquées sur une paroi. Tant mieux pour les vies humaines, tant pis pour l'esprit de liberté.

En plongée aussi, la logique protectrice a progressé sous l'impulsion de l'AIDA, soucieuse d'épargner des vies et de dédramatiser l'exercice. S'il n'y a personne qui vous tient la main pendant les trois quarts de l'expédition, dans les derniers mètres, deux apnéistes de sécurité sont là pour parer à la syncope.

La difficulté d'intervention vient de la brièveté de l'exercice – deux minutes à la descente, une minute et demie à la remontée – et de l'extrême gravité de tout incident. Sous l'eau, impossible de patienter dans l'attente des secours comme on peut le faire sur un bateau chaviré ou sur une vire glaciale dans la face nord d'un sommet. On est plutôt comme un base jumper qui partirait en vrille et à qui il faudrait greffer un parachute avant qu'il ne s'écrase.

Voyages tardifs

Gamin, je voyage peu. Je passe tous les étés dans la maison familiale de la Drôme provençale, à Bouvières, à la campagne, avec les gamins du village, dans un environnement adoré mais qui ouvre peu sur la nouveauté.

À 10 ans, à peine les pages du *Tour du monde en quatre-vingts jours* refermées, je caresse le projet de faire le tour de la planète à pied. Organisé, précis, je me documente, je planifie les étapes journalières. Ensuite, ça devient Nice-Vladivostok, toujours à pied. Je prépare le tracé sur une carte, imagine les haltes chez l'habitant, rêvasse des petits chemins à emprunter.

Depuis, chaque fois que je prends l'autoroute vers l'est, que je me dirige vers le soleil levant, j'ai l'impression de mettre à flot ce rêve de gosse pas encore réalisé, ce rêve de cow-boy inversé pour qui la dernière frontière serait celle des matins calmes et non celles des soirées fébriles. *Go East, young man...*

Tintin et Aldébaran

Ado, je lis Jules Verne, *De la Terre à la Lune*, *Le Tour du monde en quatre-vingts jours*, mais je m'évite *Vingt Mille Lieues sous les mers*, j'ai peur de ma monomanie.

Hergé

Les albums de Tintin ? J'ai dû les relire trente fois chacun. Oui, oui, je sais, Tintin, c'est simple, pour ne pas dire sommaire. C'est le bien contre le mal. Et le bien qui triomphe chaque fois. Il n'y a rien des duplicités humaines, des ambivalences du cœur, des incertitudes du jugement.

Grâce à Tintin, de 8 à 13 ans, moi qui passais toutes les vacances d'été dans la maison familiale de la Drôme, je me suis offert un atlas vivant. J'ai voyagé au Moyen-Orient, en Inde, en Chine, dans l'ex-Yougoslavie.

J'ai conquis la Lune, j'ai trouvé des trésors. J'ai eu histoire, géographie et économie à la fois, et c'était un bonheur. J'aimerais apporter ce genre de plaisir aux enfants de demain, les emmener à ma suite tel Till l'Espiègle visiter les mondes engloutis et les en ramener heureux et confiants dans la beauté des étrangetés disparues.

Leo

Les Mondes d'Aldébaran est une bande dessinée de science-fiction, écrite et dessinée par Leo. Véritable œuvre d'anticipation, cette série comprend trois cycles qui correspondent chacun à la colonisation d'une nouvelle planète. Les conditions de vie sur Terre se sont dégradées et les progrès technologiques permettent d'envisager des voyages très lointains vers des exoplanètes en orbite autour d'autres étoiles que le Soleil : Aldébaran, Bételgeuse et Antarès.

La communication entre la Terre et Aldébaran est coupée depuis cent ans et on découvre comment les hommes ont créé une civilisation avec d'autres formes de vie et notamment une créature vivant au fond des océans, la mantrisse, dotée d'une intelligence considérable.

Cette épopée humaniste amène à une véritable réflexion sur la place de l'homme dans l'univers, son rapport à son environnement et son organisation.

Cette série est un hymne à l'exploration, à la découverte de nouveaux territoires. J'aimerais être de ces hommes qui iront coloniser une autre planète. Je m'imagine faisant partie de telles expéditions. Notre époque est fascinante par ses prouesses technologiques. D'ici à mes vieux jours, la science, si elle n'a pas anéanti l'espèce humaine, maîtrisera les techniques de cryogénisation et permettra d'aller très loin dans l'espace-temps !

Les grands explorateurs

Si je n'étais pas qui je suis, j'aurais voulu être Christophe Colomb, Magellan, Bernard Moitessier, Éric Tabarly ou bien Walter Bonatti, Edmund Hillary, Patrick Edlinger et bien sûr Youri Gagarine, Neil Armstrong, Jean-Loup Chrétien, Jean-François Clervoy. Ou encore skieur de l'extrême, base jumper (avec parachute), base jumper avec *wingsuit*, parapentiste. Et pourquoi pas le commandant Cousteau, Nicolas Hulot, et autres metteurs en scène de la beauté du monde et de la force de l'aventure.

Je suis ambivalent. Vous l'êtes aussi. En nous se combattent la peur de l'inconnu et l'attirance pour le défi. On se sent un peu comme Baudelaire, qui disait : « Partout l'homme subit la terreur du mystère, et ne regarde en haut qu'avec un œil tremblant… » Et puis, dans le même mouvement, on arrête d'avoir peur du mystère et de trembler en le regardant.

Un jour ou l'autre, les grands explorateurs, eux, décident de partir. Ils pensent que la Terre est plate, mais ils s'en vont quand même en faire le tour. Ils savent que conquérir un sommet est inutile, mais ils aiment flirter avec l'impossible. Ils pensent que l'homme est le seul être vivant de la galaxie, mais ils iraient bien très, très loin pour s'apercevoir qu'il en est ainsi.

Dans l'apnée, ce n'est pas le défi sportif qui m'intéresse. C'est d'aller voir aux frontières du connu s'il y a un après. Ce qui m'exalte, c'est de revivre la première fois où je suis descendu profond, quand j'ai réalisé qu'en dessous de moi il n'y avait que du noir et que j'ai quand même eu envie d'aller y voir.

Je veux continuer à m'entraîner pour ressentir à nouveau ce moment des débuts. Rien n'était organisé, il n'y avait pas de longe, seulement deux apnéistes de sécurité et notre insouciance. On plongeait presque à l'aveugle, libres. On disparaissait dans le flou, puis on arrivait à toucher le fond. Pour preuve, on remontait une poignée de sable.

Le sable, ça fait une trouée de lumière dans tout ce sombre qu'on vient d'avaler. Être un explorateur, c'est ça. Aller chercher une poignée de sable tout au fond de la mer. Et savoir que dans cette poignée de sable qui nous filera entre les doigts, il y a toute l'humanité découvreuse : chacun peut partir à l'aventure, tant qu'il veut bien affronter le noir, tenter le diable, accepter l'échec et se moquer du succès.

Le lac Band-e Amir

J'ai 21 ans. Deux ans après le 11-Septembre, je me rends dans mon premier pays non occidental : l'Afghanistan. Nous devons être les premiers touristes de l'après-talibans.

Olivier Weber, un journaliste du *Point*, prix Albert-Londres, organise un Paris-Kaboul pour renouer les liens difficiles avec ce pays grandiose. Dans la caravane se mêlent des historiens, des géographes, des scientifiques, un peu comme lors des expéditions du siècle des Lumières. Il s'agit de faire un état des lieux pour un classement au patrimoine mondial établi par l'Unesco.

Avec Loïc, nous avons rallié le projet dans l'idée d'aller plonger dans le lac Band-e Amir et d'en faire un documentaire.

Le projet est monté à la va-vite avec des bouts de ficelle. Nous nous renseignons vaguement sur la géographie locale. Nous n'avons pas de scénario, pas d'équipe. Ce sera un film autoproduit, autofinancé. Nous avons juste une caméra, que nous utilisons chacun à notre tour. L'heure est à la débrouille, au « on verra bien », au « dans la vie, faut pas s'en faire ».

Il y a trois grands axes pour traverser l'Afghanistan et rallier Kaboul. La route sud, celle de Kandahar, celle du pouvoir taliban, est interdite. La route nord, celle de Mazar-e Charif, celle des Pachtouns, offre peu de diversité de paysages. La route du centre est celle des grandes plaines en altitude, du minaret de Jam, de Bamiyan et de ses fameux bouddhas détruits par les talibans, de la route de l'opium, des lacs.

Le lac Band-e Amir est situé à 3 000 mètres d'altitude. L'eau est très claire et très froide. La vie animale et végétale est assez minime. Les gens du coin le voient comme un endroit dangereux, peuplé de monstres, d'une profondeur insondable – nous le mesurerons à 43 mètres au plus profond.

Le lac est un endroit mythique pour les Afghans. Les femmes en quête de fertilité y viennent en pèlerinage. Elles font un vœu et s'immergent tout habillées, mais sans combinaisons isothermes. Les hommes les ramènent vers le bord en s'aidant de cordes comme les vachers ramèneraient leurs bêtes prises au lasso.

Nous nous débrouillons pour rencontrer des villageois et les faisons parler du lac, des rites, de leur signification. Bientôt, nous sommes acceptés et accueillis comme des rois.

Sur le trajet, nous fondons le plomb acheté à un armurier dans un village traversé pour nous constituer une gueuse. Nous achetons des planches, des chambres à air de camion, un bout de ficelle, et nous voilà avec un radeau équipé pour l'exploration profonde des lacs.

Cette aventure débouchera sur un film, *Bleu afghan*. Nous mettrons quelques mois à le finir, et l'aboutissement de cette tentative souffrira de ses insuffisances de départ, même si je garde un souvenir extraordinaire de ce premier contact avec la prise de vues et le montage d'un film.

Cette expédition m'aura surtout permis de nouer des liens plus forts avec Loïc, qui a alors 33 ans. Jusque-là, nos relations se cantonnent au domaine sportif. Notre premier tête-à-tête a lieu quand j'ai 16 ans.

Avec Julien, nous allons regarder de loin la première tentative de Loïc contre le record de France à – 118 mètres. Nous sommes en décembre, il fait froid, la mer est truffée de méduses.

Après sa plongée, il m'embarque dans sa 2CV break. Il est décontracté, curieux, enjoué. Je suis intimidé. Ça dure un quart d'heure, mais je m'en souviens encore. On n'a pas le temps de se dire grand-chose. Il parle apnée, record, performance. Je reste bloqué dans ma réserve, dans mon intériorité, interloqué de côtoyer ce type que j'admire tant. Preuve qu'il est important d'aller vers les plus jeunes, ceux qui veulent prendre votre suite, important de leur consacrer du temps, même si c'est pour balancer une banalité. Cela peut faire ricochet et déclencher des vocations.

Jusqu'à l'Afghanistan, c'est juste une relation de bon voisinage. Nous sommes copains de vestiaire, échangeurs de tuyaux pas trop percés, compagnons de semi-rigide, apnéiste de sécurité l'un de l'autre.

En Afghanistan, nous nous rapprochons dans la difficulté. Nous improvisons, nous nous activons, nous arc-boutons. Et nous en venons à communiquer au-delà du sport, au-delà des bulles de l'apnée, au phrasé BD minimaliste.

Les mondes engloutis

Il y a le monde terrestre, celui de la réalité économique, financière, celui de Newton, celui où vivent nos parents, nos femmes, nos enfants, celui des émergents, des sauvés des eaux, le seul monde que la grande majorité des terriens connaisse et connaîtra jamais.

Il y a les mondes de l'espace que nous ne connaissons qu'*a minima* et que j'aimerais tant partir découvrir dans les vaisseaux spatiaux du futur.

Et puis il y a les mondes engloutis. Ceux que l'apnée m'a permis de rencontrer et que j'aimerais partager avec le plus grand nombre.

Ce sont des mondes qui rompent avec la banalité enluminée des grands classiques exotiques : plages à cocotiers, barrière de corail, myriades de poissons-chats, algues amollies, baleines soufflant et sondant, requins en maraude.

Je voudrais entraîner le public dans ces villes d'Ys naturelles, dans ces ruines géologiques qui n'ont pas eu besoin de la construction d'un barrage pour ressembler à des villages inondés, dans des endroits insolites où l'on ne sait plus si l'on est au-dessus ou au-dessous de la surface des mers, des endroits où le végétal et le marin s'interpénètrent, où l'eau douce et l'eau salée constituent des cocktails incertains, où le végétal et l'animal se transpercent pour métamorphoser la perspective et les connaissances.

Les cénotes

Les cénotes sont un réseau de galeries et de canyons souterrains où se mêlent rivières et bras de mer. Dans la forêt du Yucatán, la jungle est basse et assez rase. On est loin de l'exubérance profuse de l'Amazonie, à la canopée vertigineuse. Au Yucatán, le terrain est tout plat, juste creusé de temps à autre par des trous d'eau, de petits lacs, des étangs mal délimités qui se glissent sous terre, réémergent et communiquent entre eux, finissant par rejoindre la mer des Caraïbes.

Des reportages photo m'avaient fait fantasmer sur cet endroit incroyable. J'en rêvais. Romain Dussaulx et Denis Lagrange, deux réalisateurs de documentaires, m'ont proposé de m'y rendre et d'y plonger. Je ne pouvais pas refuser. Cela a donné un film intitulé *La Traversée des mondes* qui a été diffusé dans *Thalassa*.

Julie m'en a voulu d'avoir dit oui. Elle aussi avait écrit des scènes identiques dans les cénotes. Elle a eu le sentiment de s'être fait plumer. Je me suis retrouvé tiraillé entre mon envie de m'y rendre et ma fidélité à la mère de ma fille.

J'ai craqué. Elle m'en a voulu, dégoûtée.

Julie prend des risques, parie financièrement sur un coup, n'a pas peur de se ramasser.

Je suis plus prudent, moins capable d'investir à l'aveugle. Je suis économe, je n'aime pas dilapider, je ne suis pas « capital-risqueur » de nature.

Ces images dans les cénotes, nous aurions pu les faire ensemble si j'avais eu le cran de réinvestir l'argent gagné grâce à *Free Fall* dans un voyage au Mexique. Là, je n'ai qu'à me laisser porter par une histoire qui n'est pas exactement la mienne. Mais j'ai trop envie d'aller y voir.

Denis Lagrange, à l'origine du projet, va tourner des images sous-marines d'une beauté rare.

Hypothèses géologiques

Plusieurs hypothèses existent sur la constitution des cénotes.

La plus fascinante les fait remonter au temps des dinosaures, il y a soixante-cinq millions d'années. Une météorite frappe la Terre. L'impact est faramineux. Un énorme nuage de poussière enveloppe la planète. Privée de lumière, la Terre subit des mutations majeures. Quatre-vingt-dix pour cent des espèces disparaissent, dont les dinosaures. Ce serait dans ce coin reculé du Yucatán que la météorite serait tombée. L'onde de choc aurait creusé la surface et fragilisé le sol, permettant aux rivières et à la mer de se rejoindre. C'est évidemment l'explication qui me fait le plus vibrer.

L'hypothèse la plus consensuelle distingue deux types de cénotes. Les cénotes de la Riviera Maya seraient liées aux météorites. Les cénotes plus au sud ne relèveraient pas de la même origine.

Enfin, hypothèse la plus récente, les cénotes seraient tout simplement le résultat d'un phénomène de dissolution et d'effondrement des terrains calcaires situés au-dessus d'un réseau souterrain de grottes et de rivières.

Entre eau claire et eau salée

Je poursuis une quête permanente qui continue d'attirer ma curiosité aux quatre coins de la planète et qui mène par le bout du nez mon insatisfaction constitutive.

J'ai toujours voulu m'immerger dans un environnement où l'on peut ressentir l'apesanteur sans avoir la sensation d'être dans l'eau. Je rêve d'être dans l'eau comme on est dans l'air. Pour cela, il faut donc une eau translucide, sans couleur, sans saveur, sans odeur. À tout le moins il faut qu'elle soit aussi incolore que l'air peut l'être afin que l'illusion soit permise.

Je poursuis ce fantasme, celui d'évoluer dans l'eau lourde comme si j'étais en apesanteur dans l'air, de voler dans l'eau comme les cosmonautes nagent dans l'air.

L'eau des cénotes est d'un translucide absolu, d'un cristallin digne d'Arques.

Les références habituelles n'ont plus cours. Il n'y a pas de plancton en suspension, de sable qui s'écoule, de petits poissons en visite, de bouts de corail, de posidonies, ni bien sûr de dauphins ou de requins.

Il y a seulement des nappes de nénuphars en fleur qui s'étalent à la surface et un petit crocodile, tout riquiqui, qui sommeille là-bas, au loin.

Car, dans les cénotes, on voit loin. Ce qui est rare en mer, où il y a toujours de la brume qui estompe le panorama, du vent qui bouleverse les champs de vagues, des effets visuels qui brouillent les perceptions.

Dans les cénotes, on est dans un univers de grotte, minéral. Il y a même des stalactites.

Halocline

Au cœur du Yucatán, il y a Angelita. C'est un trou de sensations inconnues, perdu au milieu des arbustes maigres et fourchus.

À Angelita, on a l'impression que tout est sens dessus dessous, un peu comme si l'eau, l'huile et le lait n'arrivaient pas à se mélanger et échangeaient leurs propriétés chimiques et leur préséance théorique liée à leurs densités respectives.

Dans les cénotes, on rencontre différentes strates selon la profondeur. L'eau douce est au-dessus, pure, lumineuse. L'halocline vient ensuite. Soufrée, elle corrode jusqu'à la combinaison, qui empeste à la sortie. En dessous, il y a l'eau de mer.

À Angelita, les cartes sont battues encore différemment. Même si les strates restent disposées dans l'ordre classique, du haut en bas : eau douce, halocline, eau salée.

Dans les dix premiers mètres, l'aspect est un peu trouble, chose rare dans les cénotes. En dessous, l'eau devient translucide mais très noire. Les contours sont précis mais la tonalité est lugubre. Les peurs prennent d'assaut les esprits imaginatifs comme le mien.

Ensuite, vers – 30 mètres, on parvient à l'eau soufrée, au sulfate d'hydrogène, à l'halocline qui naît de la décomposition des végétaux.

Cela fait un tourbillon du diable, une rivière sous-marine, une féerie méphistophélique, qui gargouille, bouillonne, comme un breuvage où crèveraient des bulles toxiques. Et de ce magma gazeux émerge, devinez quoi ? Une forêt sous-marine faite de branchages brisés, de troncs en décomposition et d'amas de feuilles en putréfaction.

Cette colline inspirée par les puissances du mal dépasse de l'halocline et constitue une île sous-marine à laquelle il ne manque qu'un temple maya pour compléter la scénographie. La vision est unique, c'est le plus beau paysage sous-marin qu'il m'a été donné de voir. Je suis accro, je plonge et replonge encore et encore pour me nourrir du spectacle offert par ce cadre improbable.

Exploration (– 100 mètres)

L'extraordinaire, c'est qu'en forestier des sous-bois marins on peut escalader ce monticule de végétaux. Je déambule sur le sol jonché de feuilles mortes et de troncs d'arbres, lampe torche fixée au poignet, tel un marcheur perdu dans la forêt.

7

Harmonie (au-delà de – 100 mètres)

Ne pas aller contre

Nous sommes peu nombreux à être allés au-delà des – 100 mètres. Et ce territoire est un endroit particulier, où le corps est soumis à une pression importante.

La clef, pour pénétrer cet espace réservé, c'est de se mettre en harmonie avec l'endroit, d'ouvrir la porte à une perception différente des choses.

Il faut se couper des réflexes de terrien. Gonfler ses muscles pour espérer résister est une erreur tactique qui peut entraîner des dégâts importants.

Toute tentative de contrôler est sans objet. Il faut au contraire se laisser faire.

À – 100 mètres, la compression est énorme. Le réflexe naturel du terrien, c'est de lutter contre. À cette profondeur, si on force, on risque de se blesser, de provoquer des œdèmes, de briser l'alvéole pulmonaire et de voir le sang remplacer l'air manquant.

Il faut entrer dans une logique d'acceptation pour supporter l'état des lieux. Car la physiologie est bien faite. À – 100 mètres, on se fait écraser, mais pas écrabouiller…

Si on arrive à délier un mental qu'il ne faut surtout pas forger comme le croient les sergents-chefs qui aboient sur leurs recrues, on parvient à ne plus envisager cette pression comme une douleur.

Il faut passer par le laisser-faire, pour pénétrer cet univers et s'en faire accepter.

La lumière du soleil se dissout dans la masse d'eau, laissant place à une obscurité lénifiante. Tous les éléments convergent en un point. Mon corps devient céleste et exerce sa gravité sur mes pensées. Je lâche prise et m'abandonne au voyage intérieur.

Dans les bras de Gaia

Il fait sombre, il fait nuit. Il est minuit en plein midi. Je suis venu me perdre au fin fond d'une contrée inhospitalière où il n'est pas courant de trouver âme qui vive.

Mes poumons sont réduits à la taille de balles de ping-pong que l'angoisse lifte pour les faire passer de l'autre côté du filet de ma physiologie. Et c'est à ce moment féroce en anxiété qu'il faut changer de mentalité, déposer les armes, signer un traité de non-belligérance avec soi-même.

Il ne faut plus considérer l'eau comme une ennemie intrusive et vicieuse qui assaille la forteresse du corps mais comme un écrin où resplendir, comme une protection qui enveloppe et tient chaud comme un cachemire.

Dans ces parages où l'inhumanité gagne, il faut repasser contrat avec la nature. Il faut retisser le lien avec Gaia, la Terre mère, négligée par l'humanité depuis le début de l'ère industrielle.

Longtemps, il s'est agi de vivre en symbiose avec la nature, de se couler dans sa logique qui pouvait parfois paraître erratique, d'accepter ses errements et d'en supporter les vicissitudes avec un certain fatalisme.

Depuis le XVIIIe siècle, l'homme veut dominer et contraindre la nature. Il la corsète, la modèle, la tient à distance. Il l'exploite, la spolie. Il la tient à l'écart, la néglige.

Au Japon, pour se garantir des tsunamis, on élève des digues toujours plus hautes. Mais cela ne marche pas. Faudra-t-il élever des murailles gratte-ciel pour espérer contraindre la nature à se tenir tranquille ? Ou ne vaut-il pas mieux imaginer un développement en accord avec les variations climatiques, les acceptant, les accompagnant plutôt que de vouloir lutter contre elles, sans espoir de victoire finale, sauf à aller vers la perte de notre planète mère ? On ne peut tout régir, tout contrôler. Il faut passer outre cette vanité humaine.

De minute en minute

Sous l'eau, je sais exactement où j'en suis. Je n'ai pas de repère métrique sur le câble, pas de chrono sur ma montre. Mais je sais parfaitement qu'il me faut 1 minute 35 pour descendre à – 100 mètres et 2 minutes pour atteindre – 125 mètres. J'ai juste une petite alarme qui se déclenche à – 100 mètres, mais c'est plus un carillon de complaisance, une friandise sonore, un *forget me not* qui tient la note toute la *notte* – toute la nuit –, plutôt qu'un rappel à l'ordre.

Cela peut paraître étonnant que cette expédition aux confins de l'extrême se fasse dans un demi-brouillard, les yeux mi-clos. Et sans une conscience chronométrée du compte à rebours.

Ce dépouillement voulu vient sans doute démontrer que c'est d'abord un voyage intérieur, un exercice de connaissance de soi, d'affinement de la perception. Il s'agit d'une expérimentation sensorielle qui, pour être réussie et complète, doit abandonner les béquilles technologiques au magasin d'accessoires du faux modernisme.

Il s'agit de réactiver un dialogue ancestral entre le corps et l'élément. Et cela se vit mieux en regardant au fond de soi et en comptant dans sa tête.

À l'entraînement, je développe des techniques de visualisation qui me font monter et descendre cette échelle virtuelle, comme si j'étais un avatar de moi-même.

1) En respirant. Je suis allongé, je déclenche le chrono dans ma tête. Je me vois en train de descendre, j'essaie de répéter mentalement chaque étape. J'essaie de recréer les sensations, de les ressentir profondément. L'eau sur le visage, le réflexe d'immersion, le *mouthfill*, l'écrasement thoracique, la narcose, etc. C'est une technique intéressante quand je commence à plonger profond. Je suis chaque fois surpris de la simultanéité du déroulé, de la précision incroyable à laquelle j'arrive, de la synchronisation presque parfaite entre le faux et le vrai.

2) En apnée. Cela se passe en salle de musculation. Je suis sous la presse qui me fait des cuisses en béton ciré. Je déclenche et je bloque ma respiration. Dans ma façon de pousser les poids, sur la presse horizontale, je mime ma fréquence d'ondulation, mon tempo en monopalme.

Je peux quasiment décompter de mémoire le nombre de mouvements de palme nécessaires et j'ai une bonne appréciation de ma rythmique. Fréquence haute dans les trente premiers mètres, immobilité ensuite le reste de la descente, reprise forte d'activité pour s'extraire des abysses, moment qui d'ailleurs me semble beaucoup plus court qu'il ne l'est en réalité, neutralité finale dans les quinze derniers mètres, où Archimède redonne un coup de pouce.

Le chronométreur fait silence et note mes évolutions. Souvent, très souvent, la fin de mon apnée correspond à son top final. Lors du débriefing, nous constatons que les modifications de rythme sont en phase avec le déroulé théorique.

Visualisation et émotion

Ces techniques de visualisation sont connues. Comme l'apnée est un domaine nouveau, il nous arrive parfois de réinventer la roue. Mais cela se double toujours d'une adaptation au secteur d'activité.

Nous sommes en 2005. Je peine à me défaire d'une hyperémotivité qui m'enferme dans un stress paralysant le jour des compétitions. Je suis en recherche, je regarde ce qui se fait dans les autres sports dans le domaine de la préparation mentale. Je rencontre un préparateur dans le monde du tennis et m'inspire de sa théorie.

C'est extrêmement intéressant, mais ça ne marche pas, probablement parce que je ne suis pas prêt ou parce que je n'ai pas encore trouvé l'angle qui me permettra de faire mouche, comme une capsule spatiale doit trouver l'angle précis qui va permettre son retour sur Terre, pour ne pas griller si elle aborde l'atmosphère trop frontalement, ni rebondir si l'angle adopté est trop écrasé.

Le problème est surtout que je n'ai pas accouché moi-même de mon dispositif, que je n'ai pas trouvé ça tout seul et que j'ai du mal à m'approprier la démarche d'un autre.

À l'époque, je vis en colocation avec Cédric Palerme. Il est moniteur d'apnée au club. Il se dit athée, mais j'ai toujours pensé qu'il était bouddhiste sans le savoir. Il est extrêmement intelligent, s'intéresse à tout et aime discuter pendant des heures des grandes questions de la vie.

J'avance à ma façon, défriche de mon côté. Je réalise combien les questions scientifiques recoupent les réflexions religieuses. Et petit à petit, cette recherche spirituelle menée en autodidacte me permet de replacer mon existence et mon action à leur juste place. Je dédramatise mes petits allers-retours sous l'eau en les comparant à l'infini des galaxies, à l'éternité du temps, à la vastitude du passé et à l'immensité du futur.

La grande apnéiste russe Natalia Molchanova a aussi sa part dans cette relativisation et cette décrispation. Mère de Molchanov, mon jeune et talentueux rival, Natalia a toujours été protectrice avec moi et m'a souvent pris sous son aile. En 2009, lors d'une soirée, à la veille d'une compétition, où elle me voit me faire un sang d'encre, elle me prend à part et me dit : « T'embête pas pour demain. Te prends pas la tête avec ça. C'est juste un jeu pour adultes. L'important, c'est la naissance et la mort. Le reste de la vie, c'est juste un jeu. »

Cette recommandation, formulée par quelqu'un pour qui j'ai de l'affection, tombe au moment adéquat et fait office de déclic.

Auparavant, je stressais, je compactais mon potentiel, je me refermais sur mes angoisses.

Depuis, je réussis à aimer chaque instant de la compétition, à me dire que je vis mon rêve, que bien des gens aimeraient être à ma place et qu'il faut que je profite de chaque seconde de cette activité splendide, activité que je chéris et pour laquelle je me prépare l'année durant.

Pour faciliter la chose, je m'applique à dédramatiser et à relativiser en regardant le ciel chargé d'étoiles chaque soir, comme un rituel. Les yeux levés, je m'emploie à prendre à rebours cette pensée de Pascal que j'ai trop longtemps fait mienne : « Infini et homogène, l'univers inspire à l'Homme un effroi qui lui signale la misère de sa condition. »

Avant, je voulais en finir au plus vite, pour passer à autre chose, pour que ce moment excitant et perturbant soit derrière moi et qu'il n'en reste qu'un chiffre à succès ou un échec à oublier.

Maintenant, je m'applique à savourer l'ensemble des secondes où je me retrouve dans cette situation de danger et de plaisir mêlés, de risque et de bonheur alliés. Est-ce l'âge qui vient, les amis qui disparaissent, la conscience que toute existence, la mienne y compris, a une fin, le fait de devoir arrêter un jour ?

En tout cas, je ne plonge plus comme on se damne, je ne descends plus comme on va à l'abattoir. Je ne perds plus une miette de cette félicité si éphémère et si délicate à conquérir.

Avant, j'étais dans la lutte. Je bouillais intérieurement quand les embouteillages me coinçaient sur mon scooter ou dans ma vieille voiture.

Maintenant, je laisse aller la valse des ennuis. Je ne danse plus sur les braises, je prends du recul. Je ne suis plus dans la crispation, je suis dans l'acceptation. Et cela me permet d'aller plus bas.

Je me fais une alliée de l'énergie que je pouvais vivre comme adverse, un peu comme, au judo, il faut savoir se servir de la force de l'adversaire pour le déséquilibrer plutôt que tenter de parer ses attaques ou de s'y opposer.

Il y a là une philosophie qui est proche de celle du surf : choisir la vague, chevaucher sa force, arriver à s'en servir comme propulseur tout en évoluant en biais, et puis, finalement, la laisser aller au bout de son déroulé, et s'en détourner pour glaner la suivante.

J'ai 31 ans et je sais que je viens de loin, que j'ai bougé de mes bases, que je ne suis pas resté bloqué dans un fonctionnement dû à mes origines, à mon éducation, et que j'ai même réussi à faire évoluer mon caractère.

Retour sur une progression

1998. Je termine ma seconde au lycée. L'apnée est ma drogue, mon domaine, mon ambition. Mais mes parents continuent à regarder tout ça avec une suspicion sourcilleuse. L'été, Umberto Pelizzari, mon héros, organise les deuxièmes championnats du monde en Sardaigne, dans un village du Club Med. Jacques Mayol y fera une apparition.

C'est l'endroit où on se doit d'aller si on aime cet univers, si ce monde vous transporte. Qu'importe si je n'ai pas encore le niveau pour participer, il s'agit de venir en soutien logistique, de donner la main pour l'organisation, de soutenir Loïc et les autres.

Mais mes parents refusent que j'accompagne les Niçois. Julien l'extraverti, le décontracté, tout auréolé de son titre de champion d'Europe Junior, y va. Il me rapportera une affichette signée par Pelizzari. Triste consolation…

Automne 1999, j'entre en terminale. C'est décidé, je serai Pelizzari ou rien. L'apnée sera mon sport, ma vie. Je plonge tous les week-ends. Je m'entraîne même en piscine. Pour Noël, je commande ma première combinaison de haut niveau, qui vient remplacer les vieilles serpillières du club.

Julien, lui, prend du champ. Il rencontre sa copine, Émilie, avec laquelle il se marie à 22 ans et avec qui il aura deux enfants. Il préfère se coucher tard, se lever tard et faire de la musique avec ses frères.

Sans rien me dire, Claude me tient la bride serrée. Il me limite à – 35, – 37 mètres, alors que je sens bien que j'en ai sous le pied.

Claude veut me faire comprendre que tout cela est une école de patience, que cela s'apprivoise, surtout si on est jeune. Il m'apprend la rusticité, la plongée sans plomb avec une combinaison de 7 millimètres, d'une flottaison maximale. Il m'enseigne la maîtrise de la difficulté pour mieux apprécier la plongée quand tous les paramètres seront optimums.

Évidemment, comme à son habitude, Claude ne verbalise pas, ne théorise pas, n'explique pas avec des mots. Il veut que je me heurte aux barrières, que je les repousse doucement, tranquillement, dans le relâchement. Il me connaît, il a percé à jour mon anxiété, tout comme il a deviné mon potentiel.

Bon élève obéissant, je ne me rebiffe pas, je fais comme il le souhaite. Je respecte la voie tracée par le maître, sans une seconde remettre en cause son intimidante autorité.

Aux vacances de Noël, je me mets à l'eau tous les jours, malgré le froid. Le déclic se fait.

Été 2000. Je décroche mon bac S avec mention AB et un cinq en philo qui me vexe d'autant plus que je ne cesse déjà de tisonner les braises du foyer métaphysique. Mes parents réalisent que leurs fantasmes math sup, math spé, ne sont pas les miens, que j'ai décroché de cette recherche d'excellence car j'en privilégie une autre, qui me mobilise bien plus.

Je pourrais faire médecine ou de la bio. Le corps humain m'intéresse, j'aurais pu m'épanouir en SVT ou en physique-chimie. Mais l'apnée est là, qui requiert mon attention, qui recueille toute ma passion. Mes copains s'engagent les uns et les autres dans des études sérieuses, reconnues. Ils font des prépas, des écoles d'ingénieurs, tout ce à quoi me destinaient mes parents et qui les aurait ravis.

Je débute une fac de sport pour le travail physique et la liberté des horaires que cela procure. Je n'envisage pas une seconde d'enseigner l'éducation physique en collège. Je veux faire de l'apnée ma destinée.

Lors de la sélection pour entrer en équipe de France, je descends à – 57 mètres en palmant. Le lendemain, il faut replonger et confirmer sa valeur. J'annonce – 57 mètres encore et tourne à – 52 mètres. Ce qui me vaut les félicitations de Claude, événement rarissime. Il me lance : « C'est bien, tu as fait preuve de lucidité. Peu d'athlètes sont capables d'être aussi sages. »

Je suis bien conscient qu'il a voulu me faire passer le message paradoxal du plaisir à prendre et du contrôle à maintenir.

Très vite, Claude recommence à se moquer, à me taquiner afin que j'évite de me prendre au sérieux et de me prendre la tête.

Malgré ma performance, je ne suis pas retenu en équipe de France d'apnée pour la Coupe du monde par équipe, qui mélange deux registres à l'époque : il faut à la fois aller profond – ça, je sais faire –, mais aussi être capable de rester longtemps sans respirer. Tout ce qui se passe dans l'horizontalité et l'immobilité m'est plus difficile. Polyvalence ne rimant pas avec performance spécifique.

En guise de compensation, je pars en Corse avec Marie, ma petite copine. L'amour me porte. Mes élans sportifs vont souvent de pair avec mes élans de cœur. Nous allons rester deux ans et demi ensemble et elle va assister à mon éclosion.

2001. Je me prépare pour le championnat du monde à Ibiza… et suis enfin sélectionné, mais comme remplaçant. Je descends à – 80 mètres. Je deviens l'homme

« le plus profond » du club en poids constant, Loïc continuant à planer dans les limbes du *no limit*.

Le 11 septembre 2001, le jour de l'attaque du World Trade Center, nous sommes à la fac de Valrose, en pleine préparation pour un record. Les gens sont scotchés aux infos et semblent sous le choc. Claude m'interdit de me disperser, de venir aux nouvelles. Il me dit : « Toi, tu ne t'occupes de rien. Tu continues à te mobiliser sur ton truc. »

Une semaine après, je fais – 82 mètres. Toute la planète apnée est au courant qu'un petit jeune de 19 ans est au niveau du record du monde.

2002. Le 31 août, je tente de battre le record (– 86 mètres) que détient Herbert Nitsch. J'ai 20 ans, c'est ma première tentative. La série sera longue.

Un mois plus tôt, j'ai réussi – 87 mètres. Claude tient absolument à ce qu'on répète toujours l'exercice à blanc. Nous pouvons enfin annoncer officiellement la tentative.

C'est dans mes cordes, je ne percute pas mes limites. Et puis, ça me plaît de privilégier la manière et de ne pas sortir bleu, d'émerger en rigolant et de ne pas risquer la syncope.

Le 31 août, la pression est élevée. Parents, famille et amis sont présents. Des copains, des curieux patrouillent en bateau à moteur, en dériveur, en planche à voile ou en kayak autour de la zone. Surtout, on a battu le rappel des télés afin de faire monter la sauce et de gagner en visibilité.

L'organisation d'un événement comme celui-là coûte cher au regard de nos petits moyens. Il y a les huit personnes nécessaires à la sécurité, à la mise en place du câble, à l'homologation. Il y a les plongeurs bouteilles de sécurité postés à – 80 mètres, – 60 mètres et – 40 mètres. Il y a les 1 500 euros nécessaires au contrôle antidopage et aux frais de caméra. Toutes choses qui paraissent anodines mais qui, pour nous, purs amateurs à l'époque, ne sont pas des queues de cerises.

Un copain, Ludovic Larue, qui gère un hôtel au Brésil, me décroche un petit budget auprès d'un copain à lui, patron d'une entreprise d'échelles en Normandie. Et je me retrouve siglé d'un énorme autocollant Centaure, qui fait tiquer les cameramen de M6, qui se soucient de pollution visuelle mais se fichent bien de l'intendance.

Tout se passe comme dans un rêve. Je rafle la plaquette. Je salue les plongeurs bouteilles qui sont venus à ma rencontre et qui hurlent dans leur masque tandis que je leur souris et leur fais signe que tout va pour le mieux.

Je suis sur un petit nuage, duquel Claude s'empresse de me faire redescendre en me rattrapant par la manche alors que les médias me réclament, pour m'obliger à remonter le mouillage avec le groupe.

À contre-courant de la société

Après le record, je subis une sorte de *baby blues*. Que faire ? Côté études, je change d'avis tous les jours. Je m'imagine docteur en physiologie, maître de conférences. Je pense au journalisme, à une école de commerce. Je me rabats sur un mémoire de licence où je traite de l'auto-entraînement en apnée, où je me présente comme mon propre coach.

N'allez pas croire que c'est une manière de m'émanciper de Claude ou de l'éjecter. Pas du tout. Claude se refuse à nous coacher. Il nous responsabilise en la matière. Mais il continue à exercer son emprise sur nos esprits. Claude n'est pas mon coach, c'est mon maître. Quand Loïc est mon guide, mais est aussi un copain, un grand frère.

Enfant, je suis plus adepte de la montagne que de la mer, ce qui ne m'empêche pas quelques bains en rivière.

J'ai 20 ans et je m'apprête à battre mon premier record du monde.

Explosion de joie en équipe. Avec ce titre de champion du monde, ma vie bascule.

Avec Christian Maldame
et Morgan Bourc'his,
mes compères en équipe
AIDA France de 2006 à 2011.

Les hommes
de l'ombre
sans qui rien
ne serait arrivé.

15 juin 2013, je m'attaque au record du monde à -127 mètres.

Ma combinaison est bleue, pour mieux me fondre dans l'élément.

Face à face avec le bleu de la Méditerranée.

La remontée, un savoureux mélange de puissance et d'économie.

Sous les glaces d'un lac gelé en Finlande.

Explorer les abysses, c'est comme marcher sur une planète inconnue.

Devenir mammifère marin pour aller toujours plus profond.

La profondeur
permet une rencontre
intime avec soi-même.

Rencontre avec un dauphin
dans les eaux du Pacifique,
à Mikura Jima, au large
de Tokyo (Japon).

Immersion dans la piscine
la plus profonde du monde,
Nemo 33 à Bruxelles
(Belgique).

Un saut dans le noir qui a changé ma vie. Extrait de notre film *Free Fall*.

J'ai fait le tour du monde, mais je reste un Méditerranéen dans l'âme. Ici dans un champ de posidonies.

Avec Julie et Maï-Lou, sur un îlot à Rangiroa, dans l'archipel des Tuamotu (Polynésie française).

Julie à l'œuvre dans les eaux d'Okinawa au Japon.

Loïc est à l'aise dans cette activité improbable qu'est l'apnée. Il vient d'un univers assez marginal, un peu baba. Il a été élevé en communauté dans les montagnes au-dessus de Nice. Il pourrait vivre sous une tente, dans un mobile home, sur un vieux rafiot mal retapé. Il n'a aucune notion de respectabilité, de norme, de propriété. Par contre, il a le sens de l'autonomie, de la libre-pensée. Il voit que j'ai le potentiel pour progresser. Autant il comprend mes interrogations, autant il se demande pourquoi je continue à vouloir satisfaire à demi le désir de réussite classique de mes parents. Il me dit : « Assume tes choix ! »

Je continue à subir le poids de mon éducation, même si j'essaie de m'en défaire. Mais la vieille peau ne se desquame que par endroits, laissant difficilement sortir l'homme nouveau de ce cocon mangé aux mites. Il y a toujours cette peur de mal faire qui rôde, ce besoin de sécurité qui m'entrave.

Côté maternel, mes grands-parents sont des pieds-noirs d'Oran, d'origine espagnole. Sportif dans sa jeunesse, mon grand-père, blessé de guerre, marche avec une canne. Après le départ d'Algérie, il trouve un emploi dans une banque. Il est très autoritaire. Il fait régner la loi et ma grand-mère lui obéit, sans broncher. Elle a toujours peur de son ombre, peur du dehors, peur de l'avenir, peur du passé qui reviendrait les hanter.

Ma mère, l'aînée de trois enfants, est élevée à la dure. Le grand-père est d'une sévérité sans nuances et il est interdit à ma mère de ramener la moindre mauvaise note. Perfectionniste, elle développe un rapport à la culpabilité qui la pousse à l'excellence, tendance qu'elle m'a transmise. Réfugiée dans les études, elle réussit son CAPES, mais renonce à l'agrégation. Elle se réalise pleinement dans son métier d'enseignante mais reste extrêmement concentrée sur sa tâche, s'interdisant voyages ou escapades, acceptant juste de partager avec mon père des randonnées en montagne ou à vélo pour couper avec sa réalité quotidienne chiffrée.

Côté paternel, on est parisien et drômois. Le grand-père est tailleur. Il fait des costumes à Paris puis vient s'installer à Nice. Fils unique, mon père obtient un DEUG de biologie. Il trouve assez vite un boulot chez Kodak, puis devient laborantin en médecine nucléaire. Il a 20 ans quand il croise ma mère, qui en a 17. On est en 1972, je vais naître dix ans après, en 1982.

L'un et l'autre sont sportifs, aiment la nature, mais ils sont assez casaniers et ne se sont jamais aventurés dans de grands périples à l'étranger. Arrivé à 20 ans, je me rends compte que je supporte mal les contraintes, les obligations. Je ne veux pas faire ce qu'on a prévu pour moi. Je veux de la rupture, de la passion, de l'étonnement.

En 2003, je vais faire deux crises d'adolescence à la fois. Sur le tard, je me rebelle contre mes parents et aussi contre Claude, le patriarche de ma nouvelle famille, choisie pourtant, celle-ci, la tribu de l'apnée.

Été 2003. J'arrête la fac. Centaure m'accompagne de nouveau pour me payer le billet vers La Réunion. J'ai envie de voyage, j'ai envie de partir loin. Je ne veux plus rendre de comptes. J'envoie valser la demande d'excellence familiale pleine de tendresse et de bonnes intentions, comme la demande de performance faussement décontractée de Claude. Je suis séparé de Marie depuis quelques mois et pars à La Réunion rejoindre Sophie Passalacqua, 30 ans, une copine apnéiste qui exerce comme orthophoniste.

Je veux monter par moi-même une tentative de record sur les bords de l'océan Indien. L'idée est de changer d'hémisphère, de sortir du cadre fixé, de gagner en autonomie, d'explorer mes capacités autres.

C'est cela aussi qui m'attire dans l'apnée, cette manière d'aller vers le grand dehors, même si l'on peut avoir l'impression de rester confiné dans un exercice codé. Sur place, je m'entoure d'une équipe. Ils pratiquent tous l'apnée au club Sport Océan. Ils vont consacrer quatre mois à mettre en place ce projet.

Je vis une autre vie. Je rencontre Wilo, qui deviendra un de mes meilleurs amis. Je découvre les terres réunionnaises de la future femme de ma vie, Julie.

8

Suspension (fond)

La balle de tennis et la plaquette

Le fond se rapproche. Un petit disque en plomb d'environ 20 kilos maintient le câble à la verticale et supporte la plaquette que je dois remonter.

Dans la brume de ma concentration, je distingue les petites lumières qui éclairent le plomb et facilitent le travail de la caméra de contrôle. Elles dessinent comme un halo de civilisation inattendu, une couronne de bienveillance, un peu comme ces bougies de la Sainte-Lucie que portent les jeunes filles scandinaves au moment du solstice d'hiver.

Je ne sais trop si ce témoignage de vie terrienne, ce signal d'énergie importée, me rassure ou m'inquiète. Cette technologie qui me cligne de l'œil devrait être un soutien moral mais ne pourra strictement rien pour moi s'il advenait quoi que ce soit à cette profondeur, où ma solitude est intégrale.

La caméra pourrait juste filmer l'accident, la panique ou le délire de la longe dénouée pour une évasion vers les sirènes regroupées en centre d'appels délocalisé.

Et puis, il y a rupture dans l'œuvre au noir que je réalise. Je suis parti du soleil, du jaune et de l'azur, je descends au tréfonds, dans le goudron de la nuit, dans les viscères de l'assombri.

Et il y a au milieu du chemin ces loupiotes vacillantes qui banalisent cet aller-retour ciel-enfer, qui en font un *stop and go* prosaïque.

Ma main gauche enserre le câble entre le pouce et l'index, pour mieux le sentir défiler. Sous la pulpe de mes doigts jamais gantés, je sens les marqueurs en Scotch qui rythment les derniers mètres qui défilent.

Mentalement, je me prépare au retournement de situation, je me programme pour une remontée qui sera plus physique, qui nécessitera plus d'énergie.

À 1,5 mètre du fond, il y a une balle de tennis fixée sur le câble sur laquelle vient se bloquer le mousqueton de la longe.

Ma main gauche s'arrête avec le mousqueton sur la balle. Le corps allonge son envergure et de la main droite je saisis la plaquette, mon témoin de bonne moralité sportive.

Cette plaquette qui est mienne, je me dois de la garder bien serrée jusqu'à la surface. Sans quoi, point de pénalité et record non homologué. Cette plaquette symbolise la poignée de sable ou le coquillage ramenés du fond. On plonge profond pour revenir avec un souvenir. Et non juste pour un chiffre donné par un profondimètre sans âme.

Demi-tour. C'est le seul moment où on a le droit de se haler sur le câble. Le juge en surface visionnera plus tard les images pour validation. Il décidera si tout s'est bien passé et si le concurrent n'en a pas profité pour faire du grimper de corde.

Le froid

Le moment est à la fois magique et impressionnant.

Le lieu est le plus hostile qui soit. À – 125 mètres, il règne 13,5 bars de pression, quand à la surface on a 1 bar et, à 10 mètres, 2 bars. Cela veut dire qu'à – 125 mètres, chaque centimètre carré de surface corporelle subit 13,5 kilos de pression.

Une fois cette sensation apprivoisée, une fois l'idée acceptée, l'état éprouvé n'est pas désagréable. L'impression est étonnante. C'est comme si on était dans un cocon matelassé, dans un tunnel confiné, dans un ascenseur douillet. Cela pèse et libère à la fois.

Il y a là un retour *in utero*. C'est le moment impossible pour les claustrophobes de l'existence, pour tous ceux qui vivent en autruches alors qu'ils disent rêver d'émancipation, pour tous ceux qui s'aveuglent, la tête enfouie dans la négation des grandes questions, pour tous ceux qui veulent s'affranchir de leur naissance et oublier qu'un jour eux aussi mourront.

Le moment du retournement fait aussi prendre conscience de l'emprise du froid. À la surface, l'eau est à 25 °C. En bas, elle fait 13 °C. Tous les 20, 25 mètres, on perd 2, 3 °C. Le déclin de la chaleur n'est pas linéaire. Cela s'effectue par paliers. Il y a des sauts, des ruptures et des répits. Les couches d'eau s'étagent, en plaques liquides homogènes. On appelle ça des thermoclines.

Au fond, la fraîcheur saisit. Le contraste est d'autant plus marqué que la descente en température s'est effectuée en moins de deux minutes et que la combinaison est fine, plus seconde peau moulante que barboteuse molletonnée de Néoprène.

Si la peau se hérisse, je ne frissonne pas. En bas, le sentiment de froid n'agit pas comme un révulsif, tandis qu'au quotidien je suis un Niçois pure socca, désespéré par la pluie et le temps gris, ragaillardi par le moindre rayon de soleil.

Le froid me conforte dans l'idée que je suis ailleurs. Je suis dans un environnement différent, perturbant, mais pas forcément agressif.

Le froid ralentit tout, les pensées, les mouvements, les déperditions d'énergie. Le cœur bat moins vite, l'oxygène s'économise, le sang se retire des extrémités et se concentre dans les organes vitaux.

Match à 4, plus 1

Dans ces parages réfrigérés des – 110 mètres, – 120 mètres, – 130 mètres, nous sommes peu nombreux à jouer les Esquimaux. Et les quatre de la bande se sont croisés et recroisés, prenant le record et le perdant, gagnant le titre et l'abandonnant, avant que Nitsch s'évade vers le *no limit*, que Coste ait des soucis de santé et que Molchanov débarque, rebattant les cartes. Voici un résumé en chiffres et lettres de ces chassés-croisés.

(C pour Carlos Coste, G pour Guillaume Néry, M pour Alexei Molchanov, N pour Herbert Nitsch, S pour Martin Štěpánek.)

2001 : – 86, N.
2002 : – 87, G. – 90, C. – 93, S. – 95, N.
2004 : – 96, G. – 102, C. – 103, S. – 105, C. – 108, S.
2006 : – 109, G. – 111, N. – 112, N.
2008 : – 113, G. – 114, N.
2009 : – 120, N. – 122, S. – 123, N. – 124, N.
2011 : – 117, G.
2012: – 125, M. – 126, M. (– 123, G.)
2013: – 128, M. (– 125, G.)

Nitsch vs Néry

L'intérêt du public pour l'apnée a toujours reposé sur la notion de duel. Dans les années 1960, la lutte Mayol-Maiorca s'avère révélatrice et tient les amateurs en haleine. *Le Grand Bleu* s'en inspire.

Dans les années 1990, le duo Pelizzari-Pipin fait vibrer les ados comme moi.

Dans les années 2000, nous sommes quatre, comme les mousquetaires. Il y a Carlos Coste, le Vénézuélien, qu'un accident en *no limit* arrêtera en 2006. Il y a Martin Štěpánek, le Tchèque, le plus naturellement doué. Il évolue à l'ancienne, adopte tardivement les dernières innovations du matériel mais réussit chacun de ses records avec aisance. Lui non plus n'aime pas les piscines. Et il y a Herbert Nitsch.

Cet Autrichien né en 1970 est pilote d'avion. Lors d'un séjour en Égypte, il perd son matériel de plongée bouteilles. Pour ne pas rester les bras croisés, cet hyperactif se met à l'apnée. Surprise : il se découvre des capacités hors du commun et descend très vite à près de – 50 mètres. Voulant en savoir plus sur cet univers qui lui est inconnu, il téléphone à Claude Chapuis, qui accueille avec une prudence narquoise ce cinglé à l'enthousiasme très organisé. Cet homme « fait » possède déjà un métier accaparant : pilote de ligne. Il a une vie bien établie, mais veut tout bousculer dans le petit monde clos et assez civilisé de l'apnée.

La première fois que je le croise, j'ai 17 ans, lui, 29. Nitsch a un look de Terminator, le crâne rasé, les muscles saillants. Son apparence guerrière jure avec l'élégance plus décontractée, plus pacifique, pour ne pas dire plus relâchée de notre petit clan. Il est vite regardé comme un intrus venant perturber la tranquillité du groupe par son énergie, son ambition, sa créativité technique.

Ce jour-là, il pleut, et Nitsch semble surgir d'un film de science-fiction. Je me dis : « Mais qu'est-ce que c'est que ce robot ? »

Claude, d'un ton moqueur, le surnomme l'« Autrichien ».

Avec Herbert, nous n'allons cesser de nous croiser, de nous affronter, de jouer à toi, à moi, avec les records en poids constant. Cela va durer pendant toute la décennie 2000, avant que le jeune Molchanov ne vienne chatouiller l'orgueil du quarantenaire (Nitsch) et du trentenaire que j'ai fini par devenir.

Doté d'aptitudes supérieures, capable de tenir près de neuf minutes en statique, Nitsch se multiplie. Le poids constant ne lui suffit pas. Il s'aligne aussi en *no limit*. Lui qui, à ses débuts, se fourvoyait dans l'hyperventilation, se recale sur les méthodes en vigueur et se révèle inventif.

En *no limit*, à – 30 mètres, il vide l'air dans une bouteille de Coca qu'il conserve avec lui pour le réutiliser tout au long de la descente pour compenser. Une sorte de *mouthfill* géant prolongé artificiellement. Et il imagine une gueuse en forme d'obus dans laquelle il se glisse, profilée comme l'avant d'un bobsleigh, pour améliorer son coefficient de pénétration dans l'eau et augmenter sa vitesse de descente et de remontée.

Nous ne cessons de nous passer le témoin du record. Je le lui prends trois fois. Il me le reprend deux fois.

Nous profitons l'un l'autre de cette rivalité qui nous pousse dans nos retranchements et qui nous permet de structurer nos différences de style, nos approches opposées de la vie.

Petit à petit, notre relation évolue, nous nous apprécions grandement, nous partageons de plus en plus de choses. Il devient un ami.

Nitsch s'est orienté vers le *no limit* quand j'ai préféré en rester à la discipline classique, la plus pure, la plus sportive, le poids constant. En 2007, il réalise

214 mètres. En 2012, il remonte de 244 mètres mais fait une embolie. En bas, la pression écrase les gaz internes. Des microbulles d'azote passent dans le sang. Lors du retour à la surface, si on ne prend pas le temps d'éliminer l'azote, le gaz reprend son volume initial là où il se trouve et des bulles d'azote atteignent le cerveau, causant des embolies, provoquant des paralysies.

Rescapé de multiples AVC, Nitsch souffre dans un premier temps de problèmes d'élocution, de mémoire, de mobilité. Il ne peut plus piloter comme avant pour Austrian Airlines, mais tente de retrouver l'ensemble de ses capacités.

Je suis l'un des premiers à le croiser quand il sort du silence, en avril 2013. Sa vitesse de récupération me surprend. On parle. Il me raconte le voyage qui a failli lui coûter la vie. Je suis l'un des seuls à être capable de comprendre ce qui se passe là-dessous.

Au fil du temps, il va de mieux en mieux. Je suis agréablement impressionné par sa santé retrouvée. La conquête des profondeurs est définitivement derrière lui. Mais l'amoureux des océans a bien d'autres projets. Il veut se construire un bateau zéro CO_2 et parcourir le globe.

Nitsch rêvait des 300 mètres. Cette marque impressionnante est théoriquement envisageable. Mais sa série d'accidents en *no limit*, une discipline délicate, met un sérieux coup de frein à ses ambitions.

Le temps suspendu

On parle souvent, et moi le premier, du noir qui règne dans les abysses. En fait, il y fait bleu foncé, un bleu marine ultramarin, un bleu grisé, grisant. Et l'étonnant, c'est l'unité de couleur, que ne vient troubler aucune diversité divertissante, aucun relief coloré, si ce n'est le plot éclairé.

Nulle part ailleurs, sur terre ou même dans les airs, il n'y a une telle unité. Je peux regarder en haut, en bas, à droite, à gauche, devant, derrière… À 360 degrés, on baigne dans une uniformité parfaite.

Tous les éléments s'unissent pour vous obliger à vous recentrer sur vous-même, sur vos sensations, sur vos questionnements.

La pression écrase le corps, le froid ramène le sang à l'essentiel des fonctions vitales, la lumière se rétracte, se réfracte. Et le temps est comme suspendu.

Au moment de basculer, de retourner le sablier de la plongée, le corps aussi marque un temps de suspension dans l'espace.

Dans ce micro-arrêt, dans cette hésitation d'une seconde, entre avant et après, entre descendre et remonter, le voyage intérieur prend tout son sens.

Il fait bleu forêt, on est extrêmement seul et extrêmement fragile. On est envahi par un sentiment d'humilité. On a atteint un lieu où l'on a perdu tout référent. Couleur unique, apesanteur flottante, horizon inexistant. On touche à l'indéterminé comme à l'infini. On n'a plus les pieds sur terre et, vu de là où on a abouti, la Terre n'existe plus. Notre planète bleue que jamais l'on ne perd du regard, même depuis l'espace, s'est volatilisée comme si l'ordinateur de notre vie avait appuyé sur « *reset* ».

On n'est plus qu'une petite goutte d'eau perdue au milieu de rien. On est remis à sa place, petite chose perdue dans l'infini.

Pale blue dot

La sonde *Voyager 1* prend la route de l'espace en 1977. Elle est programmée pour atteindre Jupiter et étudier les planètes du Système solaire. Une fois sa mission initiale terminée, la NASA commande à la sonde de se retourner et de photographier les planètes visitées. Parmi elles, sa planète d'origine, la Terre.

À l'image, cela donne un petit point bleu pâle perdu dans l'immensité. La sonde immortalise cet instant précieux alors qu'elle est à 6,4 milliards de kilomètres de la Terre.

Ce *pale blue dot*, ce micro-point suspendu dans la grammaire stellaire, ce grain de sable à l'échelle du grand tout aspirateur de particules, témoigne de la vulnérabilité de la planète, de son importance négligeable, de cette fragilité constitutive.

Quand je suis au fond, moi aussi, je me sens un pâle petit point bleu paumé dans sa finitude, perdu au milieu des galaxies de ses interrogations métaphysiques et de ses obligations de survie.

Initiateur de l'aventure *Voyager*, le scientifique Carl Sagan a écrit un beau texte sur ce *pale blue dot* qui est notre seule maison, si fragile, si misérable au regard de toute la vastitude des mondes connus et inconnus.

Il a aussi tenu à mettre dans la soute à bagages de la sonde ce qu'il pense être le meilleur et le plus représentatif de l'humanité, de sa créativité, de ses œuvres, de son génie. Sagan veut que les peuples d'ailleurs, s'ils existent et s'ils ont les mêmes champs de conscience que nous, puissent appréhender cette altérité fraternelle. Il a mis des dessins de Vinci, des disques en or, des photos de femmes en train d'allaiter, des équations mathématiques et les lois fondamentales de la physique.

Et moi, qu'est-ce que j'emporterais dans mon havresac culturel en descente loin de la neutralité banale de ce qu'aurait été mon quotidien si je n'avais pas choisi de rassembler entre mes mains humides les pâles petits axiomes de la verticalité ?

Que choisirais-je pour dire ce que je suis au peuple d'en bas, s'il existe et s'il veut comprendre qui je suis, au lieu de me dévorer tout cru et de réfléchir après ?

Je prendrais bien une fleur, symbole du développement de la vie sur Terre, riche en couleur et synonyme de fertilité. Descendre un bouquet de fleurs à la main et risquer de séduire une sirène… Julie me laissera-t-elle faire ?

Parfois, je songe que j'aimerais embarquer dans une sonde cousine de *Voyager*. Je saluerais Neptune la bleue, Saturne la jaune, Jupiter l'orange, Mars la rouge. Je négligerais Titan, satellite de Saturne, j'irais vers Europe.

Je finirais par débarquer sur ce satellite de Jupiter qui possède un océan liquide qui cache peut-être des possibilités de vie.

Je sortirais de la sonde, forerais la croûte gelée comme le font les Inuits sur la banquise. Je mettrais mon masque, chausserais mes palmes, et je descendrais profond dans les entrailles de la sœur siamoise de notre mère la Terre.

En attendant d'entreprendre ce voyage au long, long cours, j'ai envie d'apprendre à ma fille les bases de l'astronomie, la saga des étoiles, la magie de l'univers.

Je n'en reviens pas que des gamins puissent penser que le Soleil tourne autour de la Terre. Et il me semble crucial de commencer par le commencement, de réfléchir aux débuts de tout, à ce big bang contesté, discuté. Aux noyaux d'hélium créés dans les cinq premières minutes après le big bang. À l'apparition des premiers atomes d'hélium et d'hydrogène, trois cent quatre vingt mille ans après, à ces étoiles en fusion, là ou naît la matière, cette matière dont nous sommes tous constitués. Humanité, poussière d'étoiles…

Penser tout cela m'exalte, m'enchante. Et ne me panique en rien, cela n'ouvre pas des abîmes où j'ai envie de me perdre. Au contraire.

Ce qui m'angoisse, c'est qu'on refuse de penser l'infini, qu'on reste tapi derrière les barrières mentales du matérialisme et qu'on garde les yeux baissés sur le bout de ses pieds.

9

Narcose
(remontée, autour de – 100 mètres)

Inversion

Je saisis la plaquette, je bascule et me remets tête en haut, tête en l'air.

Longtemps, j'ai vécu ce moment du retournement comme celui de l'achèvement de l'histoire. Je pensais que 100 % du boulot était fait, qu'il n'y avait plus à s'inquiéter, que ça passerait comme une lettre à la poste.

Ma première syncope m'a fait comprendre que l'affaire n'était pas si simple et qu'il y avait encore la même traite à effectuer. La même traite à tirer sur le compte d'oxygène…

Soucieux d'émerger le sourire aux lèvres et refusant d'annoncer une profondeur excessive au regard de mes capacités du moment, j'ai longtemps fait la nique aux syncopes. Jusqu'à être rattrapé par ma physiologie.

Depuis, j'ai perdu en outrecuidance, celle des blancs-becs qui toisent les rivaux plus âgés qui en ont souffert et savent ce qu'il en est. Mais je n'ai pas troqué mes vanités de jeunesse pour une fébrilité vieillie, pour la tremblote des avisés, incapables désormais de s'exposer, comme s'ils avaient dilapidé leur capital-risque, un peu comme ces bronzées repenties qui arguent qu'elles ont flambé leur capital-soleil et se blanchissent d'indice 50 pour le plus grand profit des vendeurs de crèmes.

Je me hale sur la balle de tennis. Et j'essaie de reprendre lentement mes ondulations. Il faut réussir le compromis entre puissance, vitesse et économie.

Je viens de passer 100 mètres à couler, à me laisser descendre, sans résister, sans insister. J'étais dans une philosophie de yogi ralenti. Je passe à un registre d'Occidental productiviste d'après la crise pétrolière. Il me faut inverser les culbuteurs et réactiver les carburateurs pour m'élever à nouveau tout en mobilisant une énergie réduite, très décroissante, faisant autant avec moins.

Les trois premiers coups de palme sont tranquilles et retenus pour ne pas faire monter la narcose. Au bout du cinquième, je perds le contrôle. Enfin, disons que je sais que je vais être dans un contrôle aussi flottant que l'attention du psy qui rêvasse à la tête du divan.

Narcose, définition

Le phénomène est connu. On le surnomme aussi « ivresse des profondeurs ». L'air comprimé qui remplit les bouteilles de plongée se compose de 79 % d'azote, 20 % d'oxygène et 1 % de gaz divers. À l'air libre, l'azote est présent à l'état de solution dans l'organisme. Lors de la descente, avec la pression, des microbulles d'azote passent dans le sang.

Cela intervient aux alentours de – 30, – 40 mètres. Et cela déclenche un effet narcotique qui peut être euphorisant.

A priori, les apnéistes ne devraient pas être soumis à ce phénomène, puisqu'ils ne respirent pas sous l'eau. Mais on s'est rendu compte que la narcose gagnait les apnéistes dans les grands fonds, vers – 100 mètres. C'est la pression qui engendre le passage de l'azote issu des tissus dans le sang, pas la durée pendant laquelle on retient son souffle.

De façon empirique, on s'est aperçu que la narcose des apnéistes n'était pas uniquement due à l'azote, mais à une trop grande concentration des différents gaz : l'oxygène et le CO_2 en particulier.

On commence à ressentir les premiers effets de la narcose à la fin de la descente. Cela reste encore principalement physique. Cela se traduit par des picotements dans les membres, par un amollissement général, par un début de léthargie, comme si on se gorgeait de coton imbibé ou qu'on devenait éponge.

C'est en début de remontée, quand il faut faire l'effort et griller l'énergie épargnée pour s'exfiltrer de la nasse, que la narcose s'attaque au subconscient, que l'esprit vacille et que les pensées s'emmêlent.

Autant les plongeurs bouteilles peuvent régler la question en remontant d'une dizaine de mètres pour s'éclaircir l'esprit, autant, chez les apnéistes, la narcose va rester présente pendant toute la phase de remontée. Même si la pression baisse à mesure que la surface approche, l'hypoxie s'ajoute à la narcose profonde. L'oxygène baisse, le CO_2 monte, l'acide lactique gagne, et le tout amplifie un phénomène qui aurait dû commencer à se résorber. C'est le principal argument qui laisse à penser que les effets ressentis sont principalement dus au CO_2.

Laisser gagner l'inconscient

Ma première narcose se déclenche lors d'une plongée à – 90 mètres, à La Réunion. J'ai un premier flash sur fond noir. Une bête de jeu vidéo, griffue et poilue, genre gremlins, mi-monstre de comédie, mi-Pokémon de bonne compagnie, m'apparaît, gesticulant et sautant sur place. Elle part dans des rires stridents. Les narcoses entraînent souvent ce genre d'hallucinations visuelles et auditives.

À l'époque, je gardais les yeux fermés. Dorénavant, je les ouvre à demi et je fixe le câble pour être certain du chemin à suivre, pour me cramponner mentalement au lien qui m'unit à la surface.

Régulièrement, les narcoses se traduisent en un diaporama des visages de personnes auxquelles je tiens ou que je viens de croiser les jours précédents. Ces figures connues ou entraperçues défilent en bataillons serrés, pressées et déformées, comme si on feuilletait un album de famille où les mutations génétiques frapperaient à l'aveugle et en accéléré.

Je me souviens d'avoir croisé un apnéiste à la bonne bouille ronde et au nez de clown. Je l'ai retrouvé dans ma narcose, et son nez clignotait bleu comme un gyrophare de police.

Les images produites pendant la narcose peuvent aussi bien être satisfaisantes, bénéfiques, attendrissantes qu'agressives, morbides ou violentes. La difficulté, c'est qu'on ne sait jamais ce qui nous attend. Il est impossible d'anticiper l'état dans lequel cela va nous mettre et de maîtriser ce moment.

Cette perte de contrôle peut être problématique. L'apnée est la seule activité physique à risques où le sportif effectue la moitié de sa performance avec la tête ailleurs et avec l'esprit qui bat la campagne. Imaginez Usain Bolt en proie à des fantasmagories diverses pendant ses sprints. Ou Zidane luttant contre un assaut d'horreurs sidérantes, alors qu'il va tirer son penalty…

Au début, je garnissais le cellier de mon cerveau de pensées positives à convoquer quand viendrait l'inévitable narcose. C'est la pire des initiatives à prendre.

La jolie chose prévue se fait bizuter par les autres bestioles ricanantes, qui gagnent toujours à la fin. Comme dans une cour d'école où on hue la chouchoute, ces cancres menaçants renvoient la gentillette dans ses quartiers d'où je n'aurais pas dû la sortir. Pour fêter leur victoire, ils brament et se félicitent à grandes tapes dans le dos de ma défaite.

À la surface, chez les gens à peu près équilibrés, socialement acceptés et « normalement » constitués, le conscient met le holà aux turpitudes de l'inconscient et parvient à le tenir en laisse. Dans la narcose, il y a un jeu de cache-cache entre conscient et inconscient. Mais, à la fin, c'est toujours l'inconscient qui l'emporte.

La seule façon de s'en tirer, c'est de se mettre en retrait, de les laisser se battre entre bonnes et mauvaises fées, à coup d'enchantements et de malédictions, de réconforts et de contrariétés, de résilience et de toxicité.

Je me mets sur pause. Je suis spectateur de moi-même, observateur neutre de ce conflit intérieur. Je suis là sans y être et sans attacher d'importance à ce continuum d'images incontrôlables et de films sans scénario précis, de cris d'orfraie et de berceuses romantiques, d'accélérations dans une auto-tamponneuse sujette au survirage et de longues glissades en cabriolet sur les corniches à éboulis.

J'adopte la même attitude que face au renforcement de la pression sur ma cage thoracique : le lâcher-prise, l'acceptation.

Dans la narcose comme dans les rêves, des choses se révèlent, des blocages s'enkystent, des nœuds se coupent, des liens se resserrent ou se défont. La narcose est un élément de la compréhension de soi, même s'il ne faut pas sur-interpréter. Les fausses pistes sont nombreuses, les coq-à-l'âne sans signification coqueriquent leurs braiements, et les déplacements de sens ne mènent pas forcément à la vérité des névroses.

Pendant mes premières années de compétition, les narcoses étaient mes pires ennemies. Après la mort de Loïc, elles devenaient quasi handicapantes. Mais ça s'est débloqué au fur et à mesure. Je les ai apprivoisées.

La profondeur de mon moi

Lors d'une plongée, la traversée de ce moment incommodant qu'est la narcose est révélatrice de notre état de forme, mais aussi de l'état présent de notre esprit.

Les gens qui font de l'apnée ont tendance à s'autoréguler et parviennent souvent à tenir la narcose en respect. Mais cela ne suffit pas pour que la narcose se passe bien et que la plongée fasse de même. Car cet accord intérieur ne s'obtient pas par une lutte avec soi-même, un combat contre ses mauvaises manières ou contre les mauvaises ondes d'un concurrent. L'apnée n'a que faire des revanchards coiffés d'un heaume de violence, des guerriers à l'âme vorace, des mercenaires revêtus d'une cote de mailles d'insolence.

Les plongées parfaites surviennent quand on a bon partout. Quand on dort bien, qu'on mange bien, qu'on vit bien…

La profondeur révèle la vérité de l'apnéiste, qui n'est pas seulement fonction de la perfection d'une préparation, pendant laquelle il aura respecté à la lettre le programme prévu. Il ne suffit pas d'être bon élève et d'avoir mis les compteurs au vert pour être capable d'aller bas et d'en revenir en bon état.

Parfois, tout semble avoir été parfaitement étudié, puis, à la descente, patatras ! ça ne va pas. Et c'est souvent vécu comme une injustice, alors que le pourquoi d'une descente réussie se joue dans un autre registre, plus psychologique, plus mental. Si l'on ne va pas voir derrière la surface du physique et de la technique, on continuera à s'étonner que ça ne marche toujours pas, même si toutes les cases du perfectionnisme ont été cochées.

Pour cela, il faut être en accord avec son moi profond. Et c'est un long apprentissage qui passe par des détours difficiles, des virages en épingle à cheveux impossibles à négocier, des défaites qui ont l'aspect de déroutes mais qui finiront par dégager la route.

La grande profondeur révèle l'âme de chacun.

Les narcoses des autres

Le soir au bistrot ou sous les vérandas à l'apéro, les narcoses comparées sont un inépuisable sujet de discussion, de fous rires, de moqueries et d'incrédulités. N'allez pas y chercher des tentatives de déstabilisation ou des manœuvres machiavéliques ; en général on se raconte la vérité.

1) Dave Mullins est un superbe gaillard, une baraque affriolante, 2 mètres de haut et une capacité respiratoire de 15 à 16 litres quand je suis bien content d'afficher une spirométrie entre 9 et 10 litres. En piscine, Mullins nous pulvérise tous. Mais sous l'eau, arrivé facilement à des profondeurs respectables, il se fracasse contre le mur bâti à faux et à instable qui délimite le territoire de la narcose. Ses crises sont trop violentes. Il ne sait plus où il en est. Il arrête de palmer, puis recommence, puis arrête. Il divague au bout de sa longe, puis se reconcentre, puis relâche tout à nouveau. Le risque devenant trop élevé, il a fini par s'abstenir un temps d'aller au fond.

On s'est demandé si sa capacité pulmonaire faramineuse n'était pas un frein paradoxal à ses performances, si les taux de CO_2 qu'il accumulait dans son corps n'étaient pas eux aussi hors norme.

Depuis, il a apprivoisé les démons de sa narcose et plonge lui aussi à – 125 mètres.

2) Martin Štěpánek a commencé comme plongeur commercial. Il est accoutumé à gérer les mélanges de gaz et repousse les narcoses avec bonhommie. Il s'avère imbattable sur les exercices de tolérance au CO_2. En piscine, on effectue seize fois 50 mètres sous l'eau en 30 secondes, avec récupération de 10 à 15 secondes. On refait alors le stock d'oxygène, mais le CO_2 n'a pas le temps de s'évacuer. Martin maîtrise cette activité, semblant déguster son gaz carbonique comme on fume sa pipe au coin du feu.

3) William Trubridge est connu pour ses narcoses de haute école. Il subit souvent des flashs blancs, comme ceux produits aux débuts de la photographie avec une poudre à base de magnésium. Il ne sait plus s'il doit ouvrir ou fermer les yeux et s'aveugle souvent de cette évidence neigeuse, comme si une dame blanche lui apparaissait et allait l'entraîner vers son palais englouti.

« Le zamal, c'est l'hallu ! »

Qui dit narcose dit hallucinations… et on pense vite aux effets des drogues plus ou moins douces. L'apnée est un sport comme les autres, encadré par le code antidopage. Je m'abstiens donc de toute prise de produits interdits, qu'ils aient à voir avec l'amélioration de la performance ou pas, pendant les phases de compétition et même d'entraînement. Les marqueurs du cannabis restent activés pendant des semaines, mieux vaut se méfier.

Avant la Noël 2012, j'avais dû tirer au maximum dans ma vie deux ou trois taffes sur un joint qui tournait dans des soirées festives et étudiantes. Je n'en ressentais ni l'envie, ni le besoin, ni même la curiosité.

Lors des fêtes de fin d'année, nous partons à La Réunion dans la famille de Julie, avec Maï-Lou. Je réussis à décider mes parents à nous accompagner. Nous nous retrouvons tous ensemble sur cette île très particulière dans une ambiance de vacances, d'affectivité apaisée et de déconnexion du monde de la performance.

Sébastien, le frère de Julie, était ingénieur informaticien. Crâne rasé, esprit éveillé, Sébastien se consacre aujourd'hui à une quête spirituelle et suit la voie du bouddhisme tibétain. Il connaît les effets des psychotropes, qu'il a déjà pratiqués de façon mesurée, au titre d'expérience.

Le zamal est un cannabis particulier qui pousse à La Réunion et qui est assez fortement dosé. Pour cette première, nous sommes dans un gîte, en pleine nature, avec Sébastien et sa copine. On me prévient d'y aller doucement, de faire attention aux coups de booster que le zamal peut donner et aux mauvaises vibrations que sa consommation provoque parfois.

Je n'ai rien d'une tête brûlée et on me donnerait facilement le bon Dieu sans confession, mais ne négligez pas mon goût du risque, mon besoin de transgression et ma soif d'excès sans laquelle je ne descendrais sans doute pas à – 125 mètres.

Au lieu de tirer doucement et modestement une ou deux fois sur le joint, je m'en envoie cinq larges aspirations, comme avant de basculer en « canard » pour une plongée. Je n'en suis pas à faire la « carpe » pour bien tasser la fumée dans mes poumons, mais j'y vais à fond, ravi d'expérimenter une nouveauté qui m'est encore inconnue à 31 ans. C'est la nuit, juste avant le repas, il fait bon et je m'étonne de ne toujours rien sentir.

D'un seul coup, le truc monte et me submerge. Je ressens un vrai flash, un de ces éblouissements à vous faire tomber à la renverse que recherchent les consommateurs accrochés à ces substances interdites, qui n'oublient jamais leur première fois et augmentent peu à peu les doses pour retrouver ce ravissement initial.

Je me mets à rigoler de tout et de rien, à être obnubilé par des détails sans importance et à les enluminer dans une exagération de bouffées délirantes. Soudain, je vois tout en noir, je fais un *bad trip*, j'ai peur, l'angoisse m'envahit. Puis la gaieté revient, et ainsi de suite.

Il y a des parentés avec la narcose, mais je ne suis pas familier du produit et du déroulé du processus. Sous l'eau, ma pratique de la chose me permet de regarder de loin ce moment de perte de contrôle, de savoir comment me laisser flotter dans ce sas obligé et inondé avant de retrouver des rivages moins escarpés, des parages moins affolants.

Sur ma montagne réunionnaise, je pars en vrille, ricanant de toutes mes dents vertes et tremblant de mes os émiettés. Ma conscience n'est plus qu'une défroque usée, une panoplie inutile, mise au clou des certitudes. J'ai l'impression d'avoir enfermé mon moi conscient dans un filet dérivant et de le voir s'éloigner dans une mer de doutes et d'incompréhensions. Il y a de la houle et je n'arrive plus à remonter le chalut qui contient cette personnalité qui est la mienne en temps normal et qui part à vau-l'eau.

Ou alors c'est une sorte de gigantesque ballon transparent qui enveloppe ce moi négligé et qui s'ébranle lentement et commence à descendre du haut du volcan, accélérant dans la pente et emportant loin de celui que je suis en train de devenir celui que j'étais voici quelques instants.

J'ai l'impression de courir sans succès après ma conscience et ma réalité. J'ai l'impression de poser des questions qui resteront toujours sans réponse sur mon identité. J'ai l'impression d'ouvrir des portes qui donnent sur du vide, sur des murs pleins, sur des dédales toujours plus tarabiscotés.

Notre petite assemblée ouvre de grands yeux en me regardant faire le spectacle. Je parle sans frein, j'évoque ma mère, je reviens sur ce côté anxieux que nous partageons. Sur le coup, le sentiment est plus que mitigé, à la limite du désagréable. La panique me prend, j'ai peur de dérailler durablement, de ne pas revenir indemne de ce *bad trip*.

À la réflexion, les parentés avec la narcose ne sont pas aussi évidentes que j'avais pu le penser lors des premiers effets ressentis.

Le lendemain, Sébastien m'explique que le zamal est parfois utilisé dans des cérémonies d'initiés pour pouvoir entrer en transe. Il me raconte comment ce genre de voyage à base d'hallucinations peut déboucher sur une démarche mystique. Et il me dit que, selon les témoignages de ceux qui ont essayé le LSD, les narcoses que je lui décris s'apparenteraient plus à la prise d'acide.

Aujourd'hui, je ne regrette en rien cette expérience, mais je n'ai pas réédité ce genre de test déstabilisant. Mes avancées spirituelles me poussent plutôt vers le bouddhisme que vers les paradis artificiels.

Mariage sous-marin, le rêve

On est en 2006. C'est le dernier entraînement avant ma tentative à – 109 mètres.

À la remontée, quand vient le moment de la narcose, et il vient chaque fois, plus ou moins intensément, de façon plus ou moins troublante ou négative, je me vois me marier avec Julie.

Je suis en queue-de-pie noire. Elle est en robe blanche. Nous sommes debout devant le maire ou l'officiant religieux. Parmi l'assistance, je croise beaucoup de visages amis, de regards connus.

Tout le monde est assis, comme dans la nef d'une église ou dans la salle des fêtes d'une mairie. Julie et moi, nous nous regardons et nous nous embrassons tout simplement. Mais, vécu façon narcose, cela se fait en accéléré.

L'impression ressentie est celle d'une douce euphorie. Et cela alors que le mariage ne fait pas partie de mes projets, que le pacs m'irait bien et qu'une cérémonie à l'église n'est pas dans ma logique.

Souvent, le soir, je raconte à Julie mes narcoses et les délires dans lesquels je suis parti, les scénarios oniriques que j'ai bâtis. J'évoque ce mariage sous-marin et elle saisit la balle au bond. Ce jour-là, elle me dit : « Ce serait une belle idée de film, la vie d'un apnéiste vue à travers ses narcoses. »

Il va falloir quelques années pour que cette histoire finisse par exister culturellement, devienne un projet artistique. Il va falloir l'incroyable reconnaissance qui nous vient grâce à *Free Fall*. Les choses s'accélèrent vraiment après l'expédition aux cénotes à laquelle j'ai participé en solo. Elle veut une compensation, une réparation.

Elle décide de monter ce projet de moyen-métrage. Elle tient à commencer par la scène clef, la scène centrale, la scène du mariage. Elle la tournera sous l'eau pour ajouter de la véracité sportive à la poésie des images.

Il faut une vingtaine de figurants. Il faut du matériel de prise de vues adapté. Il faut des costumes pour chaque invité, il faut des décors à immerger à 10 mètres. Il faut de l'argent pour que l'intendance suive ou de la débrouille pour en économiser.

Je traîne des pieds. Je lui oppose mes réticences. Je suis souvent ainsi, à faire assaut de frilosité. Au début, je vois toujours le côté négatif des choses. Et puis, quand je m'y mets, je soutiens l'affaire jusqu'au bout, avec parfois plus d'énergie que ses initiateurs. Pour que ça bascule, il suffit que ma machinerie à créer du doute fasse sauter le cliquet du « ça ne marchera jamais ».

Gêné de demander de l'aide, soucieux qu'on puisse me la refuser, je dis à Julie : « Tu vas emmerder les gens… Ils ne vont pas vouloir venir… On va se retrouver seuls à devoir engager des professionnels qui vont nous coûter les yeux de la tête… »

Connaissant mon fonctionnement, elle me rétorque, décidée et sûre d'elle : « Mais non, tu vas voir, ça va les éclater. »

Et effectivement, on en parle aux gens du club et ils se déclarent ravis à l'idée de participer.

Mariage sous l'eau : le tournage

Le cinéma est un dévoreur d'énergies qui parfois se perdent dans les sables mouvants. Pour tourner quarante secondes utiles, il nous faudra une semaine de préparation, repérages, autorisation, location de matériel.

Nous sommes en octobre 2011. Je reviens juste du championnat du monde. Nous venons d'acheter le petit appartement du centre-ville. Julie est enceinte.

Tous les éléments pour une démobilisation générale sont réunis. Au contraire, Julie fait preuve d'une énergie sans faille, et moi, je révèle mon enthousiasme pour les organisations d'événements, pour les aventures de groupe. Ce doit être le syndrome de l'enfant unique, jamais aussi heureux qu'au sein d'une troupe vibrante et volubile.

Tourner cette première scène est aussi lourd, pesant et excitant que d'organiser un vrai mariage. Faire-part à envoyer, invitations à confirmer, défaillances à pallier. La salle louée est en rade de Villefranche, à 8 mètres de fond.

On aurait pu tourner cette scène en piscine, en imaginant un fond vert pour s'affranchir du carrelage bleu layette. Mais cela aurait fait artificiel, fabriqué, pompier. Tourner en décor naturel, en mer, légitime le projet, le dote d'une aura vraie de vraie.

Le froid est la seule difficulté rencontrée. En octobre, la Méditerranée commence à fraîchir. Avec leurs robes dos nu, les filles souffrent. La mariée est en blanc, évidemment, même si elle bleuit à vue d'œil. Julie lui a obligeamment cédé sa place pour se tenir derrière la caméra. De mon côté, je découvre la bigamie régnant dans le monde de l'illusion. Et j'enfile une petite combinaison sous mon smoking, ni vu ni connu.

Les figurants sont aux anges, contents d'être partie prenante d'une histoire peu ordinaire, tentant de se réchauffer après coup, sous le soleil d'un été indien généreux, revenant sur les anecdotes de cette journée particulière autour de piles de sandwichs vite dévalisées.

Julie est heureuse que l'entreprise soit lancée, fière des rushs. Elle fait un bout-à-bout, un petit montage qui va lui servir de teaser, pour partir à l'assaut des producteurs et des banquiers du cinéma.

La grossesse progresse, le ventre de Julie s'arrondit. L'une des scènes doit être impérativement tournée avant l'accouchement, l'envergure de mappemonde de l'actrice-réalisatrice en représentant l'attrait principal. Lequel, évidemment, ne sera pas éternel…

Cela se passe en piscine. L'autorisation tombe pour le 18 janvier, dix jours avant la date estimée de la naissance.

C'est une scène de nuit. Nous louons des éclairages colossaux comme si nous produisions un blockbuster. Nous disposons du lieu de 20 heures à minuit. Il nous faudra aller jusqu'à 5 heures du matin.

Julie se met à l'eau, tandis qu'un autre cadreur, Jacot, ami de longue date de Julie, officie. La maternité se trouve à 300 mètres et elle a emporté sa valise, au cas où. Mais tout se passe paisiblement, sans avance aucune sur l'horaire, ni sur la date prévue.

Après la naissance de Maï-Lou, les choses reprennent, le tournage se poursuit sur l'eau, sous l'eau et tout là-haut, à la montagne.

Les sommes en jeu sont faibles, mais ce sont souvent les plus délicates à décrocher. Le dossier auprès du Centre national du cinéma traîne en longueur. Nous n'obtiendrons rien d'eux, le projet étant hors des cadres habituels. Nous faisons appel au financement participatif en ligne et chiffrons nos besoins à 6 000 euros. Nous en recevons 7 500.

Je suis de plus en plus excité par cette histoire. Je me démène comme un beau diable pour que l'illusion prenne vie. Je découvre une activité avec ses contraintes, ses objectifs, ses impondérables. Je réalise que cette manière de faire cohabiter des corps de métier, avec des contraintes de temps et d'argent qui ne doivent pas sabrer l'ambition artistique, est autrement plus compliquée que, disons, de descendre profond, histoire où l'on est seul en cause.

Je suis ravi que Julie aille au bout de ce projet. *Free Fall* était un heureux hasard, une joyeuseté de circonstance au *happy end* insoupçonné. Cette fois, elle a mené sa barque sur la durée, avec talent, avec constance. Je suis fier d'elle.

Et même si *Narcose* est un moyen-métrage, j'ai compris pourquoi les gens du cinéma vivent en vase clos, en groupe mobilisé par un objectif unique et oublient tout le reste, vie familiale, amicale, sociale. Ils se cloîtrent dans l'univers de leur film. Ils ne vivent plus que pour ça, abandonnent tout ce qui n'est pas ça. Ils ne stressent plus que pour le film, s'en nourrissent, s'y perdent parfois. Ils se coupent du réel, s'en fichent comme de leur première chemise. Ce qui, ensuite, les laisse totalement démunis, échoués sur des rivages ternes et gris, ne pensant qu'à retrouver cet état intense et excitant.

Julie

Julie Gautier est née en 1979. Elle est la fille d'un vétérinaire d'origine franco-vietnamienne. Ce passionné de pêche sous-marine s'était investi dans l'aquaculture avant de décéder prématurément d'une crise cardiaque, à 61 ans, en 2002. Sa mère, d'origine réunionnaise, est professeur de danse.

Julie mélange ces deux univers. Excellente apnéiste, elle ne s'intéresse pas vraiment à la compétition. Comme son père, elle appartient à l'espèce des chasseurs-cueilleurs. Elle n'aime rien tant que de partir en mer et d'en revenir avec le poisson du jour, qu'elle vide de ses entrailles et fait griller sur le barbecue. Elle apprécie de nourrir ainsi les siens, ne voyant pas bien l'intérêt de plonger si ce n'est pas pour en retirer de quoi assurer la subsistance de ceux à qui elle tient.

Elle entreprend des études d'éducation physique, qu'elle abandonne pour un master d'aquaculture afin de prendre la suite de son père. Mais l'élevage des ombrines, ces bars tropicaux, s'avère économiquement compliqué et elle doit y renoncer, la mort dans l'âme.

De sa mère lui vient son sens artistique, son goût pour les corps en mouvement. Elle a fait de la danse. Puis elle a continué à hybrider ses univers de prédilection. Elle est devenue doublure sous-marine pour les projets artistiques que le Canadien Gregory Colbert vend à des collectionneurs et qui traitent de la relation entre l'homme et l'animal. Elle voyage ainsi aux quatre coins de la planète, dans les endroits les plus isolés et préservés. Lassée de n'être qu'une silhouette en contrejour, elle finit par passer au cadrage, à la réalisation, mais en conservant la dimension sous-marine.

En 2000, je la croise lors de la Coupe du monde d'apnée à Nice. Elle a 21 ans, j'en ai 18. Elle est splendide. Elle ne m'accorde pas un regard, ne m'adresse pas une parole malgré la fascination que j'éprouve déjà et qui doit se voir comme le nez au milieu de la figure. Sur l'épreuve, je suis apnéiste de sécurité. Elle descend à 45 mètres. Quand, au retour, elle part en samba, un léger évanouissement, je me retrouve à devoir la prendre dans mes bras pour l'assister. Ce sera notre seul contact physique.

En 2004, nous nous recroisons sur ses terres, à La Réunion. Je tente ma chance. Je me prends un vent, d'autant plus soufflant qu'elle n'est pas libre à ce moment-là.

En 2005, Julie vient faire un stage à Monaco, au Musée océanographique, dans le cadre de son master en aquaculture. Elle ne connaît pas grand-monde sur place et fait appel au réseau des apnéistes. Elle se retrouve hébergée dans notre colocation, qui est en train de se transformer en arche de Noé, mâtinée de tour de Babel.

À bord, il y a les deux titulaires du bail : Cédric, moniteur au club d'apnée, et moi, qui m'entraîne comme un forcené et qui gagne ma vie comme surveillant au lycée Masséna. Nous hébergeons aussi Wilo, mon copain réunionnais qui a assuré ma sécurité lors du record de 2004. Et, avachi dans le salon, squattant le canapé, se gavant de pizzas et les doigts incrustés dans la télécommande de la PlayStation, il y a Loïc, auto-invité qui s'incruste, profondément déprimé.

Julie m'intéresse toujours autant, mais cette fois, je me le tiens pour dit et joue les distants agréables, les hautains décontractés. Je me débrouille même pour ramener une copine d'un soir à la maison. Cette tactique se révèle excellente. Julie fonctionne assez selon la logique « Suis-moi, je te fuis. Fuis-moi, je te suis ». Ma distance et mon désintérêt lui font braquer ses antennes vers moi. Et je parviens à mes fins après quelques circonvolutions.

Je suis aux anges. Je flotte en apesanteur dans l'euphorie des débuts, qui, pour moi, est celle de l'évidence. Je vais répétant : « C'est elle, c'est réglé », quand les autres locataires m'incitent plutôt à la prudence.

Julie, elle, me considère plutôt comme un amour de vacances, comme un intérimaire qui ne la fera pas dévier de son destin d'Antigone. Elle n'est là que le temps de son stage. Ensuite, elle doit retourner à La Réunion pour relancer la ferme marine chère à son père.

L'heure de la séparation approche. Pas question de la laisser repartir seule, je l'accompagne. Elle laisse faire, concentrée sur sa mission. Je trouve un partenaire qui me fait confiance, Halifax, entreprise de formation commerciale pour qui j'ai donné quelques conférences.

Je pars avec 10 000 euros et mon insouciance en poche.

Je découvre son monde. Le clan vit en commun, en osmose. L'ambiance est créole, relax, assez tropicale dans le rythme et la plénitude ensoleillée. Je ne me sens pas à ma place. Je suis assez mal à l'aise, un peu perdu. Ma timidité ressurgit à mesure que je découvre les difficultés d'intégration qui m'attendent. Me voilà partagé. Je suis amoureux de Julie, je veux rester avec elle, mais à Nice, mes entraînements vont reprendre et il y a cette quête de la profondeur que je ne veux pas abandonner. J'ai aussi mes copains, ma famille et mes plans fric, pas mirobolants peut-être mais alimentant un compte en banque qui bientôt finira par sonner creux si je continue à vagabonder.

Julie réalise que l'aquaculture ne va pas redécoller, que c'est trop lourd, trop embrouillé juridiquement. Cette affaire de ferme aquacole est un piège financier qui ne tardera pas à se refermer sur elle.

Notre relation s'étoffe mais la stabilité géographique n'est pas garantie entre les deux hémisphères, Nord et Sud, occidental et créole. Les allers-retours s'enchaînent, l'instabilité est assurée.

Nous nous retrouvons pour quatre mois aux Maldives. Dans le cadre d'une mission aquacole, Julie a décroché un contrat de biologiste. Je suis son assistant. À l'hôtel Four Seasons où nous travaillons, mon titre de champion du monde d'apnée n'impressionne personne. Je suis l'assistant de la jolie biologiste, point final…

Et puis, cahin-caha, nous finissons par nous établir à Nice, par y retaper un petit appartement au cinquième étage en plein cœur de Nice. Et par y faire naître Maï-Lou. Aujourd'hui, nous avons emménagé sur les collines niçoises, dans un appartement au deuxième étage d'une petite maison, dans un havre de paix.

Mais nous restons des citoyens du monde et des grands voyageurs. Aucun risque que nous prenions des habitudes casanières et que nous nous enfermions dans un cocon étouffant.

Je pars souvent pour des compétitions, en Grèce, aux Bahamas, en Égypte. Les lieux ne sont pas infinis qui permettent d'organiser des épreuves dans des conditions idéales.

Julie et Maï-Lou me suivent dans la mesure du possible, surtout quand cela dure longtemps. Nous essayons d'en profiter tant que la petite n'est pas scolarisée.

Je me déplace aussi beaucoup sur un temps plus court pour des conférences, des relations avec les clients de mes sponsors, des séances photo pour des annonceurs, des relations presse, des animations de stages d'apnée pour les passionnés.

Julie, elle, continue de participer aux tournages de Gregory Colbert. Bientôt, je l'espère, il lui faudra faire la tournée des festivals pour présenter et défendre ses films, nos films.

Je sais que La Réunion et la vie sous les tropiques lui manquent. Nous nous débrouillons pour retrouver fréquemment les barrières de corail et la faune marine de son enfance.

Elle a besoin de se remettre à l'eau pour une bonne raison. Elle n'y va ni pour la gloire, ni pour le sport. Elle y va avec plaisir pour y faire des images, mais ce qu'elle préfère, c'est se munir d'un fusil sous-marin, glisser un poignard dans la gaine accrochée à son mollet, et revenir avec, à la ceinture, les poissons qui ont croisé sa route de prédatrice nourricière. Même à Nice, parfois, alors que les ressources de Méditerranée se sont éloignées, ma Diane chasseresse est capable de nous sortir des eaux bleues désertées de quoi régaler les estomacs de sa tribu nucléaire.

Maï-Lou

Cela peut paraître un peu archaïque et un brin sommaire, mais je pense que notre seul but sur terre est de nous reproduire, de perpétuer l'espèce, de mettre au monde un être fait de notre chair qui fera en sorte que les hommes continuent à être des hommes.

Là encore, Barjavel est mon inspirateur. Pour lui, la vie se nourrit de la vie. La seule chose importante est de transmettre cette vie qui nous a été donnée.

Pour faire partie des espèces vivantes, il faut s'assurer que la vie ne s'arrêtera pas avec nous, qu'il y aura continuité.

J'ai reçu un don, celui de la vie. Il faut qu'à mon tour je le transmette.

Nous avons la sensation de contrôler notre existence, de décider de notre destinée, de tenir serrées les guides de notre volonté, mais nous nous berçons d'illusions. Nos corps nous entraînent sans que nous réalisions bien comment sur des pentes où nous pensions ne jamais nous laisser glisser. L'attirance amoureuse, par exemple, n'est qu'une ruse de la nature pour assurer la reproduction des êtres humains et la survie de l'espèce.

Je ne suis pas superstitieux, je ne respecte pas de rituels particuliers avant une plongée, je ne fétichise pas telle combinaison, telle monopalme, telle longe. Je ne crois pas aux signes que nous enverrait le hasard. Pourtant, je ne peux m'empêcher de relever les heureuses coïncidences qui nous ont annoncé l'arrivée de notre petite fille.

1) Nous sommes le 6 mai 2011. Maï-Lou est conçue ce jour-là, à 23 h 30. Bien sûr, nous n'en savons encore rien. En début d'année, je me suis lancé un défi, tenir à jour un blog, intitulé *One Day, One Picture*. Je m'astreins chaque jour à prendre une photo, sportive ou non, maritime ou non. Instagram n'a pas encore pris l'ampleur qu'il a aujourd'hui, mais on peut dire que c'est dans le même esprit.

Il fait nuit. Je descends dans la rue à la recherche d'une idée, d'une intuition, d'un sourire, d'une fantaisie, d'une étoile filante. Peu inspiré, je rentre à la maison. Devant notre entrée, nos deux planches de surf se chevauchent. Elles sont collées contre le mur, sous le compteur électrique, dans l'obscurité. Je trouve ça amusant, décalé. Je déclenche et je poste cet instantané sur mon site. Je m'apercevrais quelques semaines plus tard que le logo de ma planche représente un rond dans lequel ondule un serpent. Un ovule et un spermatozoïde…

2) Julie est en Thaïlande pour un tournage. Elle est sur une plage avec toute l'équipe. Elle se prépare, file à l'eau pour attaquer les premières prises. Les sacs de l'équipe, une vingtaine, patientent en tas sous les cocotiers. C'est le sac de Julie, et seulement celui-là, qu'une poule choisit pour pondre son œuf. Elle m'envoie la photo de la coquille fraîchement livrée en MMS, en ajoutant un commentaire ponctué d'un smiley qui dit : « Peut-être que c'est un signe ? »

3) Nous sommes à Nice. Julie va nager comme souvent, sans objectif précis, pour la fraîcheur des premières brasses, pour le plaisir de l'eau salée qui caramélise ensuite sur la peau au soleil, pour les apnées légères et indolentes. Évidemment, en glaneuse de beautés marines et en chercheuse d'or bleu, elle fait

l'inventaire des fonds, comme on retourne les poches des vieux jeans. Ce jour-là, quelques jours avant de tomber enceinte, elle ramasse une petite boîte au trésor, toute dorée, comme dans les contes pour enfants. Sur la plage, elle ouvre le coffret. Dedans nageotte un tout petit poisson…

10

Adaptation (milieu de la remontée)

Envie de respirer

Pendant tout le début de la remontée, de – 125 à – 70 mètres environ, la narcose s'incruste dans mes neurones. Elle provoque une gigue de sensations embrumées, une gavotte de déconnexions d'avec le réel qui me mènent à des années-lumière de ce câble, de cette longe en textile technique. Cette sorcière me fait une vie en CinémaScope, horreur ou comique, cela dépend. Et pourtant je continue à tendre les bras au-dessus de la tête, à palmer lentement, lourdement, avec une constance souveraine.

J'ai mis mon corps en pilotage automatique.

Je regarde tranquillement à distance mon instrument de travail onduler dans le néant marin, assouplissant son allongement pour mieux nous propulser vers les hauteurs d'où nous venons et où nous retournons.

À ce moment, il y a trois personnages qui coexistent en moi : mon surmoi observateur, mon corps à l'ouvrage et mon subconscient qui joue les déjantés et qui fait des galipettes dans la luzerne de ses obsessions et de ses bifurcations.

Le corps reprend petit à petit le pouvoir et fait valoir ses exigences. Aux alentours de – 60 mètres, il me prend l'envie de respirer et mes jambes me brûlent intensément, tisonnant mes muscles avec un sadisme sardonique.

C'est la première fois depuis le départ que mon corps me fait savoir que je ne suis pas un poisson. Ce rappel à l'ordre est assez désagréable, car j'avais fini par être ravi d'avoir la peau couverte d'écailles et par me sentir bien en animal marin.

Ces deux informations percent le rideau de fumée que la narcose avait tiré sur l'exercice physique et remettent à l'avant de la scène ces difficultés mécaniques qu'il importe de ne pas dramatiser.

Envie de respirer ? Eh oui… Même si j'ai le potentiel pour tenir sept minutes en statique, l'apnée en mouvement consomme évidemment beaucoup plus d'énergie. La monopalme pourrait le confirmer… Il ne faut pas y voir pour autant un début de panique comme celle des débutants descendus à 5 mètres, qui commencent à regarder vers la surface ensoleillée et qui se sentent tout à coup pris à la gorge par une sensation de suffocation qui les fait remonter comme s'ils avaient le diable aux trousses, alors que, techniquement, rien ne les y oblige.

C'est le taux de CO_2 qui provoque ce besoin. Notre corps perçoit un début d'asphyxie, dû à la montée du taux de dioxyde de carbone parallèlement à la baisse tout à fait normale de l'oxygène, bien que ce dernier subsiste en quantité tout à fait raisonnable pour l'instant.

Les jambes qui flambent ? Cela vient de la montée de l'acide lactique. Je mobilise de l'énergie sans apporter d'oxygène. Je suis donc en anaérobie, un peu comme Marie-José Pérec à la fin de son 400 mètres. Cette sensation est à éviter dans les autres sports. Mais en plongée, ma situation se complique du fait que mon corps s'est mis en réflexe d'immersion et que l'oxygène et le sang se concentrent sur les organes vitaux, délaissant les extrémités. Lesquelles protestent et mettent le feu... Et contre cela, la seule lance à incendie est la patience, l'attente et la distanciation.

Ne pas lutter

Pour supporter ces deux calamités, il faut rester ancré dans le présent. Il ne faut surtout pas se projeter en pensée à la surface, ne surtout pas imaginer la première goulée d'air frais, ne pas vivre dans l'espoir d'autre chose.

En plongée, il n'y a pas moyen de soigner le stress, de combler la frustration, de diminuer l'attente. On est là et pas ailleurs. Il faut s'y faire et apprécier la chance qu'on a d'être, loin de tout, à 50 mètres sous l'eau, à 50 kilomètres de toute humanité soignante, à 50 décennies de tout poste de secours, à 50 années-lumière de toute terre habitée par des gens raisonnables, par des gens ordinaires, mais au centre d'un monde qu'on s'est créé et dans les enfers engloutis duquel on a tenu à descendre, tel Orphée pour en ramener Eurydice, mais sans la regarder jamais.

En fait, c'est ça. Il faut être un Orphée qui jamais ne céderait à son désir terrestre.

Il faut intégrer ces informations en sachant qu'elles posent des problèmes qui ne seront pas résolus avant l'arrivée. Surtout, il convient de traiter ces données comme des évidences auxquelles on ne peut rien et de les tenir en respect, en tentant de voir le bon côté de l'état des lieux.

Mieux vaut que les jambes brûlent, signalant par là même que le réflexe d'immersion fonctionne. Mieux vaut que l'envie de respirer revienne, preuve que la surface approche. Et surtout que la contraction de la rate va se déclencher, libérer les globules rouges et permettre de stocker plus d'oxygène – phénomène physiologique d'adaptation à la profondeur que nous avons en commun avec nos cousins, les mammifères marins.

S'adapter à la situation

Kalamata, septembre 2011. Depuis le début de la compétition, le vent est absent. Le temps est parfait, somptueux et indolent, faisant vibrer les bleus grecs, invitant à une baignade philosophique, avec un nageur comme Jean d'Ormesson. Mais la météo se dégrade, l'automne s'invite en avance et un coup de vent perturbe le plan d'eau où a lieu l'épreuve.

Ce n'est pas parce que l'itinéraire est vertical que l'horizontalité d'avant le départ n'a pas son importance. Les plongeurs sont des barreurs de petit temps, qui aiment le vent follet, la brise câline et les eaux en miroir. Leurs goûts sont à l'exact inverse de ceux des « voileux », planchistes ou kite surfeurs, qui veulent que le meltem décorne les bœufs, que le mistral étripe les taureaux et que l'alizé décoiffe les palmiers.

La recherche de relâchement d'avant départ s'accommode mal d'une mer agitée. Le clapotis fait grincer les clapets qui doivent se fermer pour éviter de perturber la sieste de Mme Sérénité.

Averti de la situation, car désormais les prévisions météo ont des précisions de chemin de fer, je me prends à part. Je saisis au collet la négativité qui sourd quand les routines sont perturbées et qui rend aveugle aux opportunités à saisir.

Un championnat du monde n'est pas une tentative de record. Il faut plonger à l'heure dite, et tant pis si un typhon a choisi de passer par les Cyclades. On a une seule tentative et on doit annoncer au préalable la marque choisie. Les concurrents se présentent dans l'ordre croissant de leurs demandes.

Je déclare – 117 mètres, devinant que Trubridge et Molchanov guignent – 118 mètres. Cela me permet de passer avant eux, et j'espère bien gagner la guerre psychologique et leur asséner le coup de bambou fatal.

L'apnée est une discipline mentale et parfois spirituelle où chacun est confronté à lui-même, mais c'est aussi un sport où les rivalités se tamponnent. Et j'ai beau jouer les indifférents aux vicissitudes guerrières, je ne déteste pas les jeux tactiques, les manœuvres stratégiques.

Pour apprivoiser cette mer moutonneuse, gaufrée de chantilly quand elle est d'ordinaire si lisse, je décide de me mettre à l'eau en avance et de transformer ce trampoline marin en un *waterbed* moelleux.

J'ai décidé de positiver et de faire contre mauvaise fortune bon cœur. Je me laisse ballotter par les vaguelettes. Sur le dos, j'oublie mon visage giflé par la salinité pour me convaincre qu'il s'agit d'une balnéothérapie. Ou mieux, que je suis bercé par les flots ou que, comme Moïse, les remous du fleuve garderont au chaud mon couffin d'osier.

L'aller-retour se passe au mieux. Je claque les – 117 mètres. Et, à voir les têtes dévastées de la concurrence qui attend son tour et s'aperçoit que le plan d'eau ne va surtout pas se calmer, je sais que c'est gagné.

Trubridge « tourne » à – 105 mètres. Molchanov fait une petite syncope en sortie. Dans une autre vie, je serai chasseur de tempêtes afin de les rabattre sur les lieux des épreuves…

Nos chers cousins

L'apnée est une manière de recréer un cousinage avec nos grands devanciers qui restent des modèles aimés : les mammifères marins. Au fur et à mesure de l'étude des comportements humains en plongée, bien des parentés ont été relevées :

1) Le réflexe d'immersion. Loïc Leferme a participé à des études vétérinaires qui comparaient le diving refex chez l'homme et chez l'otarie. La seule différence est que, chez l'otarie, le mécanisme s'enclenche plus rapidement.
2) L'inutilité de l'hyperventilation et de capacités respiratoires gigantesques. Le cachalot part de la surface les poumons vides et descend le plus bas de tous, à – 2 000 mètres. Inutile donc de partir avec des réserves phénoménales d'oxygène, l'important est l'équilibrage des tympans et le réflexe d'immersion.
3) L'intérêt de la monopalme. Au début, les apnéistes en poids constant utilisaient les bipalmes. La monopalme s'est imposée et s'apparente assez à la nageoire caudale des cachalots, des baleines, qui sondent, elles, à 800 mètres, sans parler du mouvement ondulatoire commun.

Dauphins

Je déteste croiser des dauphins en captivité. J'ai dû me rendre une fois au Marineland d'Antibes à la demande d'une équipe de télévision. Je n'y remettrai jamais les pieds.

Dans les delphinariums, les animaux sont atteints de graves dépressions. Ce sont de grands voyageurs qui ont besoin de bouger beaucoup, des nomades qui ne peuvent vivre heureux dans une cage, aussi dorée soit-elle. J'ai même participé à des manifestations contre les parcs aquatiques.

En 2006, Julie et moi avons répondu à l'invitation d'un apnéiste japonais, Kaz. Notre copain a monté un business touristique autour des dauphins. Mais il les veut en liberté, ne les approche qu'à certains moments, dans certains lieux, et impose des règles de comportement draconiennes.

Tout commence par huit heures de bateau. Nous partons de Tokyo et nous retrouvons dans un archipel d'îles volcaniques, dignes de Jurassic Park. La végétation est tropicale, les falaises verdoient, les cascades se jettent dans la mer. Il y a juste un tout petit port de pêche. Nous voici à Mikurajima, à des années-lumière de la frénésie de Tokyo.

Une troupe de deux cents dauphins évolue dans les parages. Kaz nous résume les consignes, comme on enseignerait en accéléré un protocole de vie en communauté. 1) Interdiction de les toucher, n'allez pas vers eux trop violemment, abaissez votre seuil de tension, ralentissez. 2) Identifiez bien les trois phases du quotidien des dauphins, tenez-vous à l'écart dans les phases où ils dorment et pendant celles où ils mangent ; les interactions possibles se situent pendant les phases de jeu.

Julie et moi nous mettons à l'eau. Nous sommes tout excités et essayons de les suivre à grandes brassées. Ils évoluent par groupes d'une vingtaine et nous regardent du coin de l'œil.

Nous finissons par comprendre, par nous calmer et par adopter une attitude plus neutre, moins enthousiaste, plus bienveillante, plus intérieure, qui nous permet de les approcher. Un réel échange peut alors s'établir. Les mammifères marins et les dauphins en particulier bénéficient d'une certaine intelligence, compatible avec la nôtre. À l'inverse, le requin est plus basique. Ami ou ennemi, voilà son seul type de questionnement.

C'est assez cliché, mais la rencontre avec un dauphin est bouleversante. Il se passe quelque chose, une forme de communication.

Je suis en tête à tête avec l'un d'eux. J'ai l'impression qu'il me sourit et qu'il finit même par rire à gorge déployée, que ses mimiques me sont destinées. Je tourne sur moi-même dans l'eau, il fait de même, commence à me tourner autour. Il s'amuse, cherche l'échange et semble vouloir m'entraîner dans des jeux qu'il mènerait lui-même.

J'admets que le dauphin a un talent particulier et qu'il est à part parmi les mammifères marins. J'ai aussi nagé avec des dugongs. Ces vaches des mers se contentent de brouter et de nager, de plonger et de cracher leur air. L'interaction est à peu près aussi stimulante qu'avec des salers ou des normandes, tout aussi herbivores, même si les dugongs ont l'allure de gros nounours attachants.

Requins sans peur

La peur des requins grandit ces temps-ci, et en particulier à La Réunion, le pays de Julie. Les baigneurs viennent de payer un lourd tribut à ce poisson souvent décrit comme mangeur d'hommes.

Au-delà des craintes compréhensibles, il importe de regarder le requin dans sa complexité, de lister les attitudes et les comportements adaptés à tenir en sa présence et de tenter de comprendre pourquoi ce prédateur, adepte du rapport de force, peut parfois outrepasser les limites.

Égypte, 2005

Ce sont mes premiers contacts avec les requins. Ce jour-là, il s'agit des *longimanus*, connus sous le nom de requins océaniques, de belle taille, dotés de grandes nageoires qui ressemblent un peu à des bras humains.

Avantagés de leur personne, assez esthétiques, ces squales vivent au large et sont plutôt solitaires. Ce qui n'est pas le cas de la plupart des espèces de requins, plus grégaires.

Le bateau cingle vers le large. Nos visiteurs locaux sont connus pour venir au contact. Ils questionnent leur vis-à-vis, l'interrogent et finissent parfois par lui rentrer dedans pour tester sa réaction.

On voit souvent des requins venir cogner contre le caisson des caméras sous-marines qui s'approchent d'eux, protégées derrière des barreaux d'acier.

Ces prédateurs n'ont pas un appétit particulier pour la chair humaine. Elle ne fait pas partie de leurs mets favoris. Un peu charognards des mers, ils préfèrent se gaver de poissons malades, des bêtes défaillantes qui bougent encore.

Il peut arriver qu'un coup de dent blesse dangereusement un baigneur ou emporte un bout de chair, créant une hémorragie qui peut dégénérer et entraîner amputation ou décès. Mais c'est plus souvent une manifestation de surprise ou une réaction incontrôlée de la part du requin qu'une agression délibérée. Ce qui bien sûr ne rassérénera pas ceux qui en sont victimes…

La règle face à un requin est de ne pas manifester sa peur. C'est un peu comme face à un chien hurleur. Les requins sentent l'angoisse comme ils sentent le sang. Ils ont un odorat extrêmement développé qui les guide vers leurs proies.

Il faut être capable de leur opposer placidité impavide et gestes étudiés. Cet excellent exercice de contrôle de soi peut être bien utile en grande profondeur. Mais cette façon de bien se comporter est plus facile à décrire, tranquillement assis au bar du port, qu'à réaliser sans trembler en situation, surtout quand on n'a jamais fréquenté l'animal.

Retour en Égypte.

Arrivé sur zone, on se met à l'eau. L'adrénaline gagne quand apparaît notre visiteur du jour. Ne rien laisser transpirer. Aucune goutte de panique intérieure ne doit glisser sur les pierres brûlantes de mon appréhension.

L'idée est de faire face. Je suis à quelques mètres sous l'eau, en apnée. Je me dresse face à lui, droit dans la mer, comme si je me tenais debout. J'allonge les palmes, j'écarte les bras. Il importe de ne pas jouer les ombres furtives, mais de figurer un obstacle clair et net, de se manifester haut et fort.

Dressé comme une statue du commandeur, je m'avance vers lui. Il m'arrive pleine face, s'arrête à 2, 3 mètres puis repart. Il revient, commence à faire des tours, resserre petit à petit ses rondes. Quand il commence à se mettre dans l'axe du soleil, il vaut mieux commencer à penser à une paisible retraite.

Île d'Ouvéa

Avec Julie, nous sommes venus vivre quelques jours sur cette superbe île de l'archipel des Loyauté, au large de la Nouvelle-Calédonie qu'il ne faut surtout pas réduire à l'épisode de la grotte et à l'assaut du GIGN contre les indépendantistes kanaks en 1988.

Ouvéa est un endroit magique. Pierre Kaouma m'initie à la pêche en ces lieux. Il tient un gîte avec sa femme et plonge pour ramener du poisson afin de nourrir sa famille, ses invités et ses pensionnaires.

Il chasse au milieu des requins, pratique courante dans les mers du Sud. Le requin est attiré par le mouvement du poisson moribond. Le moment dangereux est celui où le poisson gigote encore au bout de la flèche, avant que le plongeur soit remonté à bord. Le goulu à la dentition fournie et à la peau abrasive est d'une voracité impressionnante. S'il s'empare de votre prise, deux minutes après qu'il l'a gobée, il n'en reste plus que l'arête.

À Ouvéa, je suis à 15 mètres au-dessous de la surface, posté derrière une pierre, à l'agachon, à l'affût. Je vise un mékoua. Dès que j'ai percé les écailles, les requins débarquent. Ils sont quinze, vingt, qui ne veulent qu'une chose, croquer dans la grillade du midi.

On pêche toujours en apnée. Avec bouteilles, c'est interdit, ce n'est plus du sport. Et on part toujours à deux. En Méditerranée, le veilleur se poste en surface et s'assure que le chasseur ne se laisse pas entraîner par le poisson de sa vie au-delà de l'oxygène disponible. Dans les mers à requins, il vaut mieux être trois. Il y a toujours l'apnéiste de sécurité, comme en Méditerranée, et quelqu'un chargé de la « sécu requin », muni d'un débordoir, une sorte de gaffe ou de gros bâton qui d'ordinaire permet d'éloigner le bateau du quai. Il accueille les bêtes alléchées par le cadeau des flots avec des tapes sur le museau.

Certaines fois, à se faire boxer le museau, elles comprennent que les choses ne tourneront pas en leur faveur. Parfois, elles insistent. Il faut alors continuer à faire face et cogner avec enthousiasme afin de gagner le bras de fer qui permet de sauver le barbecue.

En Nouvelle-Calédonie comme à La Réunion, les requins dont il faut se méfier sont les bouledogues et les tigres. Ils sont massifs, imposants et peuvent être dangereux, quand les requins de récifs sont plus faciles à manœuvrer.

Attaques de requins et chutes de noix de coco

Une polémique enfle depuis deux ans dans le monde de la mer, sur le comportement à adopter face à la recrudescence des attaques de requins à La Réunion.

Je dois avouer que je suis étonné par la réaction des élus, du grand public et même de certains sportifs comme de certains surfeurs. Je comprends le désarroi des familles et le traumatisme de perdre un être cher dans de pareilles circonstances. Néanmoins il ne faut pas blâmer le requin en tant que tel, mais plutôt notre rapport à l'animal. À Hawaii et en Australie, les attaques font partie du quotidien. Les gens vivent avec, avertis par des campagnes de prévention sur les dangers d'évoluer dans un milieu qui n'est pas le nôtre.

La solution n'est pas de prélever un maximum de bêtes sur les sites, pour les sécuriser. Quelle vanité de l'homme !

Les requins sont ici chez eux, depuis des millions d'années. Un équilibre très fin s'est établi dans un écosystème où les gros mangent les petits. Et l'homme qui barbote et découvre les plaisirs de la glisse voudrait faire de la mer son chez-soi et exterminer toute forme de vie qui dérangerait son temps de loisir.

Nous ne sommes pas chez nous. L'océan, c'est la nature, c'est sauvage. Cela comporte des risques. À nous de nous adapter à cet environnement. Tuer les requins, c'est comme si on exterminait les lions et rhinocéros de la savane pour organiser des safaris en toute sécurité !

Entre l'homme et le requin, le prédateur n'est pas celui qu'on croit.

Près de cent millions de requins sont exterminés chaque année. Quatre-vingt-quinze pour cent des requins ont disparu depuis le développement de la pêche intensive. Les soupes d'ailerons continuent de se vendre à prix d'or en Chine, et pendant ce temps c'est tout un équilibre qui bascule. Si les requins disparaissent, toute la chaîne sera bouleversée et les océans seront en grand danger.

Alors, oui, c'est malheureux quand un baigneur ou un surfeur succombe à la suite d'une attaque de requin. Mais s'acharner sur une espèce en danger ne résoudra rien au problème. D'autant qu'il y a plus de décès humains à la suite de chutes de noix de coco qu'après des attaques de requins.

Autonomie à Mayotte

L'idée est de vivre en autonomie sur une petite île au large de Mayotte, à la façon de Robinson. Nous sommes avec des copains et dormons sous la tente. Ils ont apporté leurs provisions, leurs victuailles.

Avec Julie, nous avons corsé l'affaire en ne prenant que nos fusils sous-marins. Le défi que nous nous sommes lancé est simple : qui ne pêche pas ne mange pas.

La question est vite réglée et nous ramenons du poisson à pleines brassées, quinze kilos par jour, qui régalent l'ensemble de la compagnie. Moi, l'apnéiste amoureux du beau geste, de la descente élégante et stylée, j'ai fait l'alliance idéale avec une chasseuse-cueilleuse venue des temps anciens. Avec une prédatrice comme Julie à ses côtés, on peut être tranquille pour le garde-manger et les requins peuvent remballer leurs prétentions.

Darwinisme et principe créateur

Je suis de formation cartésienne, de culture athée. J'ai longtemps cru que tout ce que nous vivions n'avait pas de sens, que l'évolution était darwinienne et qu'après la mort il n'y avait que le vide du néant.

Aujourd'hui, je m'interroge, je m'ouvre à des hypothèses, à des problématiques autres.

La question fondamentale concerne l'origine de la vie. Comment la juxtaposition de matière a-t-elle créé du vivant, alors qu'on n'arrive toujours pas à recréer ce processus en laboratoire ?

A priori, le vivant est apparu au fond des mers, près des sources d'eau chaude, une histoire d'acides aminés et de minéraux, la fameuse soupe primitive. Voilà pour le comment. Mais reste le pourquoi…

Leibniz en 1740 posait cette question : « Pourquoi y a-t-il quelque chose plutôt que rien ? » Pourquoi, à partir de toute cette masse inerte, quelque chose s'anime ? Dans quel but ? Est-ce pour en arriver à nous ? Et n'est-ce qu'un simple hasard ou y a-t-il une volonté cachée derrière tout cela ? Pourquoi de rien en arrive-t-on à quelque chose ? Pourquoi du simple aboutit-on à du complexe et non l'inverse ?

Voilà le moment où se croisent science, philosophie et spiritualité. Et cela m'a permis de comprendre comme la religion répond aux questions de l'avant et de l'après et quel est son apport.

Je me pose la question du grand architecte de l'univers ou celle d'une volonté extérieure à la nature et à l'homme.

Cette question est fascinante. L'univers est régi par une quinzaine de propriétés qu'on appelle les constantes fondamentales de la nature (vitesse de la lumière, masse de l'électron, constante de gravitation, etc.). À cela s'ajoute l'état physique au moment de ses débuts, à savoir les « conditions initiales » (taux de matière, taux d'expansion au moment du big bang, etc.).

Si un des paramètres était légèrement différent, l'univers tel que nous le connaissons n'aurait pas existé. Les conditions requises à l'apparition de la vie n'auraient pas été réunies.

Nous sommes le fruit d'une multitude de réactions en chaîne, de liens de cause à effet qui n'auraient pu se mettre en place en cas de variation infime d'un des paramètres. Par exemple : si la densité initiale de matière de l'univers avait été un peu trop faible, la force de gravité aurait été insuffisante pour permettre aux nuages d'hydrogène et d'hélium de s'effondrer sur eux-mêmes et d'engendrer les étoiles, les usines à carbone. Sans étoiles, pas de poussière d'étoiles, pas de vie.

Dans ce domaine, Trinh Xuan Thuan nous explique que le principe anthropique, selon lequel « l'univers se trouve avoir, très exactement, les propriétés requises pour engendrer un être capable de conscience et d'intelligence (l'homme) », est accepté par la communauté scientifique.

C'est ensuite que les opinions divergent. Ce même Trinh Xuan Thuan est un grand défenseur du « principe anthropique fort ». Cette idée implique la présence d'un être supérieur.

La plupart des scientifiques s'accordent, eux, à dire que tout cela est le simple fruit du hasard. Qu'il existe une multitude d'univers et que le nôtre par chance a eu les conditions requises à l'émergence d'une forme de vie.

Je suis partagé. Mon côté cartésien me dit que le hasard est la seule explication rationnelle, mais je reste séduit par l'hypothèse de Trinh Xuan Thuan, qui écrit :

« Je m'insurge contre l'hypothèse du hasard [...] je ne puis concevoir que toute la beauté, l'harmonie et l'unité du monde soient le seul fait de la chance. [...] Je pense qu'il faut parier, comme Pascal, sur l'existence d'un principe créateur [...] mais c'est un postulat que la science est incapable de démontrer, qui relève de la métaphysique. »

Au fil de son développement, la vie se complexifie. Les cellules qui s'ouvraient en deux pour se nourrir se mettent à multiplier leurs fonctions.

L'adaptation au milieu est fascinante. Le cachalot, par exemple, le roi des apnéistes, capable de plonger à plus de 2 000 mètres de profondeur, est doté d'un liquide, le spermaceti, situé au niveau du rostre. L'organe à spermaceti sert au cétacé à ajuster sa flottabilité. Avant la plongée, l'eau froide entre dans l'organe et la substance cireuse se solidifie, cristallisant au-dessous de 31 °C. L'augmentation de la densité permet à l'animal de plonger avec moins d'efforts.

Au cours de la chasse, la consommation d'oxygène produit de la chaleur qui fait fondre le spermaceti, ce qui augmente la flottabilité et permet au cachalot de remonter à la surface plus facilement. C'est tellement génial, tellement déboussolant d'ingéniosité qu'on a du mal à se dire que le darwinisme est la seule explication, que ce miracle d'excellence tient du hasard, des essais et des erreurs, et de la sélection naturelle.

Ou alors, il faudrait en revenir à Lamarck, à la modification de l'organisme de manière volontaire pour une meilleure adaptation à son milieu.

L'idée du hasard pur comme explication est peu séduisante, car peu envisageable pour le raisonnement humain. C'est pourtant l'explication qui prime aujourd'hui, jusqu'à une prochaine découverte qui balaiera d'un coup les théories jusqu'alors validées.

Tous ces questionnements me propulsent à une autre échelle, m'ouvrent sur l'infini du temps qui nous fait sortir de notre coquille terrestre, de notre condition trop humaine, qui nous déploie sur les papiers pliés de l'éternité des générations.

Bouddhisme

Le bouddhisme est *a priori* à l'exact opposé du retour en arrière toute ou de la projection vers un futur astronomique. Le sage vit le présent. Il se concentre sur le chemin à effectuer et non sur le but à atteindre, sur la ligne d'horizon accessible et pas sur le ciel aux limites insoupçonnées.

J'ai longtemps regardé le bouddhisme comme un effet de mode qui avait saisi un Occident déchristianisé. Il était bienvenu de se piquer de méditation, d'être végétarien, de faire son yoga et d'afficher une « coolitude » détachée des contingences extérieures.

Dans le milieu de l'apnée, l'école niçoise s'est constituée en réaction à la philosophie yogi de Mayol et au transcendantal de la quête du *Grand Bleu*. Claude et Loïc regardaient avec hauteur et sans pouvoir réfréner un petit sourire en coin cette tendance spiritualiste dans laquelle avaient baigné les premiers âges de notre pratique.

C'est dire si j'étais vacciné contre ces démarches orientalisantes et si je m'en défiais en esprit fort, en rationaliste jouisseur et ludique.

Année 2011. C'est Sébastien, le frère de Julie, qui m'intéresse à cette quête spirituelle. Il n'est pas attaché à une démarche ou à une autre, bien que suivant un enseignement de bouddhisme tibétain. Il est à la recherche d'une paix intérieure qui passe évidemment par un chemin de la connaissance.

Lors d'un de ses séjours en métropole, je l'accompagne dans un monastère bouddhiste. C'est à deux heures de Nice. Nous y passons quatre, cinq jours à méditer et à faire du yoga. Cela me permet d'approcher le bouddhisme et d'y trouver des correspondances avec ma pratique sportive.

Pour atteindre son objectif, le sage ne se concentre pas sur le bout de la route, il embrasse étape après étape. Et lui aussi s'applique à se tenir à distance de son désir comme de son objectif final.

Toute marche commence par un pas et le résultat n'est que la somme de ces pas, mis bout à bout, l'un après l'autre, sans que l'idée de globalité soit mise en avant.

Le dalaï-lama s'évite de vivre dans le remords d'un passé glorifié ou déprécié, comme il s'évite de convoiter un avenir irréel, dans un lointain fantasmé. Le passé s'évanouit, le futur est incertain, le présent seul existe.

Sous l'eau, moi aussi, je dois éviter de me projeter sur un aboutissement ou de revenir sur ce qui a été mal réussi. Je dois me polariser sur l'instant présent et évacuer le reste des préoccupations.

N'est pas bouddhiste qui veut, livre du lama Dzongsar Jamyang Khyentse, cherche à promouvoir une approche non sectaire de la religion. Ce livre m'a permis de mieux saisir les réalités de cette approche. Pour lui, la différence fondamentale entre le bouddhisme et les autres religions réside dans le respect et la compréhension de quatre principes : « Toute chose composée est impermanente, toute émotion est douleur, aucune chose n'existe en et par elle-même et le nirvana est au-delà des concepts. »

En fait, cette pensée pose la question du réel. La réalité n'est qu'une interprétation de ce que nous envoient nos sens. À nous de faire avec cette réalité relative.

Les religions qui vénèrent un dieu personnifié me laissent froid. Je n'ai pas besoin de ce genre d'identification à un maître incarné, à une figure forte, à un référent ultime et unique. Le bouddhisme, lui, ne réclame pas adhésion totale ou foi absolue. Il propose une réflexion sur soi.

Tout est dieu et rien n'est dieu.

Le yoga, lui, est une forme de méditation dans l'action. Le bouddhiste essaie de calmer son mental pour accéder à l'être. Il s'agit de se dégager de soi, d'observer ses pensées de l'extérieur, sans porter de jugement, en laissant couler l'eau sous les ponts de ses soucis.

La méditation est un remède aux maux de la modernité, au stress permanent, à l'hyperactivité multitâche. Si l'on est capable de prendre quinze, vingt minutes pour déconnecter, le mental cesse de phosphorer et l'esprit de battre la campagne. Et, après un temps de latence, de repos, de désarmement où les pensées vont moins vite et finissent par se perdre dans les nuées, vient l'apaisement.

Le matin, je commence par une salutation au soleil. C'est un rendez-vous avec moi-même.

Sans en avoir conscience, j'ai toujours été assez proche de la pensée bouddhiste. Un jour, lors d'une baignade dans une rivière en montagne, j'ai réalisé que son eau n'était jamais la même. Le concept, le nom de cette rivière ne bougent pas, mais chaque molécule d'eau qui s'écoule à chaque instant est une nouvelle molécule d'eau. On ne se baigne jamais dans la même rivière, dans le même lac, dans la même mer… L'impermanence règne.

11

Sécurité (– 30 mètres)

En approche

Voici la surface qui approche. Je suis à – 30 mètres et la réalité du monde hors d'eau se distille à nouveau dans mes veines.

L'obscurité se dissout. Le jour revient, incertain, comme une aube laiteuse qui perce difficilement depuis là-haut.

Un doux sentiment de réchauffement délie les muscles, surtout en Méditerranée, moins sous les tropiques.

Autant, à la descente, on sait au mètre près où on en est, autant, à la remontée, narcose aidant, les impressions sont floues, les perceptions confuses, et il faut réaffiner ses sensations.

Le changement des couleurs environnantes puis la découverte des apnéistes de sécurité descendus à la rencontre et dont les jambes battent au-dessus, en tentacules de poulpes amicaux, permettent de fixer les choses, de réaliser que l'aventure touche à sa fin et que la délivrance approche.

Car l'envie de respirer est un autre marqueur, qui stabilobosse sa violence au creux du plexus. Ce signe ne trompe pas et témoigne du temps qui passe et de l'exigence des poumons qu'il va bientôt falloir satisfaire.

Dans ces parages, il faut se garder du surcroît de jubilation que pourraient provoquer les signes avant-coureurs de la fin de l'histoire.

Je suis un peu comme ces navires en approche qui continuent sur l'erre, qui croient avoir remis l'affaire entre les mains du pilote du port alors qu'il leur revient de rester maîtres de leurs efforts, que l'abri n'est pas encore atteint, que les amarres sont loin d'être passées.

Les apnéistes de sécurité

Sur le bateau d'entraînement comme sur la plate-forme lors des compétitions, il y a une équipe de sécurité prête à faire face.

Le responsable de sécurité reste à bord et pilote les opérations. Il est capable d'utiliser le matériel de réanimation et de pratiquer un massage cardiaque. Il surveille le sondeur, afin de suivre la trace du plongeur, et garde la main sur le frein qui commande le contrepoids.

Trois apnéistes de secours se mettent à l'eau. Auparavant, il y avait en plus des plongeurs bouteilles qui intervenaient, mais c'était trop lourd, trop contraignant.

Deux apnéistes vont à la rencontre du compétiteur aux alentours de – 30 mètres et l'accompagnent dans son retour. Nos secouristes savent comment intervenir en cas de syncope, comment mettre la main sur la bouche pour bloquer les voies aériennes et comment prendre sous les aisselles l'apnéiste pour le remonter le plus vite possible.

Le troisième reste en surface avec tuba et masque. Il suit le déroulement des choses, sert d'interface entre les deux hommes du bas et le responsable sécurité, transmettant les informations.

À Nice, deux personnes sont particulièrement impliquées dans ces dispositifs et ont développé une compétence particulière.

François Gautier est un responsable sécurité éprouvé. Il possède un brevet d'État de plongée. Il enseigne l'apnée, organise des compétitions, des camps d'entraînement profond. Il a voyagé un peu partout. Il a veillé aux entraînements et aux tentatives de records de Loïc ainsi qu'aux miennes. Il connaît parfaitement l'intégralité de la partition et les difficultés à surmonter. Je le connais depuis quinze ans. Je me souviens qu'il nous regardait avec envie, Julien et moi, quand nous commencions et qu'il débutait plus encore. Il jalousait notre appartenance à l'école niçoise, rêvant d'y être intégré par notre biais. Je lui fais une confiance aveugle.

Marick, 27 ans, est l'apnéiste de sécurité numéro un le plus recherché sur la planète apnée. Il a déjà remonté quelqu'un de – 33 mètres, ce qui est loin d'être simple, les syncopes se déclenchant plutôt vers – 15 mètres, – 10 mètres. Apprécié et reconnu, Marick est demandé par les organisateurs de différentes épreuves de par le monde. Enseignant, il organise son temps pour pouvoir y participer. Il est l'un des hommes de base du clan des Niçois.

Au rendez-vous des anges gardiens

Pour savoir quand il doit venir à la rencontre, l'apnéiste de sécurité tient entre ses doigts la corde qu'on nomme le « câble », car dans l'univers maritime comme dans la maison des pendus, on ne parle pas de « corde ». Ce câble qui supporte le « plomb » transmet la moindre vibration.

Le seul moment où le compétiteur a le droit de se haler sur le câble, c'est quand il décroche la plaquette et qu'il entame sa mission retour. L'apnéiste de sécurité qui « casse » le câble, c'est-à-dire qui le surveille du bout des doigts, sait précisément le temps qui lui reste avant le rendez-vous, auquel il lui est interdit d'arriver en retard. Cette information est doublée par les indications du sondeur.

Quand il comprend que je suis à – 125 mètres, Marick sait qu'il lui reste 15 secondes avant de se lancer pour être en avance aux – 30 mètres quand j'apparaîtrai aux – 40 mètres.

L'apnée est une expérience en solitaire et en solitude. On y va solo, on en revient esseulé et fier de l'être. Mais le croisement avec les apnéistes de sécurité provoque un soulagement intérieur indéniable. On sort à demi de ce qu'on est parti chercher, cette indépendance vive, cet encapsulement dans l'autonomie, mais on est heureux de retrouver âme qui vive, de redevenir un animal social.

Certains plongeurs aiment que leurs veilleurs palmés fassent des bruits de gorge, comme aboieraient des saint-bernard, sans tonnelet de rhum accroché au cou. Ces sons se transmettent parfaitement sous l'eau et ont le mérite de réveiller de la narcose, de secouer la léthargie. On sait qu'on est entre de bonnes mains et qu'il ne peut plus nous arriver grand-chose.

Quand je croise mes anges gardiens, j'ai tendance à me manifester, à sourire, à leur faire signe, à serrer le poing si la conquête s'annonce fructueuse.

C'est à la fois une façon de montrer que je suis aux aguets et de me sortir de ce petit coma pas du tout éthylique que peut causer la narcose.

C'est aussi une façon de les remercier de leur sollicitude. Ce ne sont pas des agents de maintenance, des techniciens robotisés, des silhouettes inconnues et négligeables, ce sont des copains bénévoles qui partagent la même passion, qui pourraient préférer se faire plaisir à plonger pour leur compte, mais qui prennent sur leur temps libre pour venir m'assister. Cela mérite bien une manifestation d'empathie.

Attention pourtant à ne pas sortir de sa bulle de concentration. Lors de ma tentative infructueuse de record à – 127 mètres, je croise Marick. Je me sens bien, je suis en grande forme. Tout à la joie de la performance qui se dessine, je lui tire la langue dans un grand sourire.

Est-ce que je me démobilise ? Est-ce que je vends la peau de l'ours ? En tout cas, je fais une petite perte de conscience à la surface et c'est Marick qui me récupère, aussi dépité que moi. Quatre-vingt-cinq pour cent des syncopes ont lieu à la surface.

Analyse clinique de la syncope

Une syncope est une sorte de baisser de rideau, un peu comme ces ordinateurs qui se mettent en panne avant que le disque dur soit endommagé. Le corps coupe le courant quelques secondes avant que les organes vitaux ne soient touchés. Il y a des capteurs dans l'organisme qui font sauter les fusibles pour protéger l'essentiel, le cerveau. Quelqu'un qui subit une syncope n'a pas de séquelles s'il revient à lui avant trois minutes.

En apnée, cette perte de conscience est fréquente quand on tutoie les limites. Pour l'Autrichien Herbert Nitsch, « un apnéiste est quelqu'un qui a déjà fait une syncope ou qui va en faire ». Au départ, Nitsch ne cessait d'être soumis à ce désagrément. Il pensait arrêter pour cette raison, fatigué de tomber dans les pommes à chaque tentative un peu engagée. Le Tchèque Martin Štěpánek l'a convaincu de s'y prendre autrement, de changer son entraînement, de se consacrer avec plus de constance à cette activité. Doté de capacités naturelles étonnantes, Nitsch cumulait les activités, continuant à être pilote de ligne tout en plongeant de plus en plus fréquemment. Il a réorganisé son emploi du temps, revu son approche et fait reculer son seuil d'intolérance à la syncope.

Mythologie de la syncope

Une syncope est une petite mort. Disons : une absence à soi qui dure un moment. Pour un apnéiste, c'est aussi une déresponsabilisation momentanée. Non seulement il sombre dans l'inconscience, mais sans le secours des apnéistes de sécurité pour le remonter à l'air libre, il y passerait. Les sauveteurs des profondeurs obturent les voies respiratoires afin que l'eau n'envahisse pas la cavité buccale.

Cela dit la physiologie humaine est bien faite, qui voit le système de blocage des entrées d'eau se poursuivre quelque temps, malgré la syncope.

Selon les origines, les caractères et les cultures sportives, le rapport à la syncope est variable.

Pipin, le Cubain, médiatisait ses syncopes. Cela participait de l'héroïsation de sa pratique. Il adorait diffuser les photos de ses évanouissements. Il était chaque fois ce mort qui ressuscite, ce Lazare sorti du caveau des mers, ce Jésus de la Caraïbe adepte des célébrations imagées.

À l'inverse, Pelizzari était dans le contrôle, la discrétion, le refus de la mise en scène. Pour le Néo-Zélandais Trubridge comme pour le Russe Molchanov, cela fait partie du jeu. Une syncope est vécue comme une contre-performance, rien de plus. Pour les Anglo-Saxons comme pour les Russes, il s'agit d'être dur au mal, de ne pas s'arrêter sur ces difficultés mineures.

La dédramatisation niçoise

À l'inverse, l'école niçoise regarde les « syncopeurs » de travers. Pour Claude Chapuis, il s'agit de sortir du tragique mortifère, de la quête absolue, de la performance divine. Sa vision des choses est calée sur deux ancrages : dédramatisation et plaisir. D'où son besoin de tenir en respect cet aspect de l'activité.

Claude est l'un de ces enfants des années 1980 qui ont initié le phénomène de la glisse. En surf, planche à voile, snowboard, parapente, skateboard, il s'agissait de s'approprier des espaces naturels avec des engins faciles à mettre en œuvre. Et il importait de rechercher la sensation impressionnante plus que la performance mesurable.

Appliqué à la plongée, cela a donné l'apnée ludique et collective des premiers temps. Finis les guerriers du *Grand Bleu*, non aux yogis des océans, évitons l'hystérie des compétitions qui transforment l'individu en star. Pour ce faire, Claude a développé l'esprit de groupe, a regardé de haut la méditation. Il voulait que l'apnée reste une activité ouverte sur le monde, un jeu sans danger, une pratique sans drame. D'où son refus des syncopes. Pour lui, il fallait sortir de l'eau le sourire aux lèvres, la mine enjouée, réjouie…

Ce refus de la dramatisation implique un souci constant des procédures de sécurité. Claude est dans une logique de responsabilisation de l'athlète qui est aussi un marin. Pour lui, l'apnéiste doit savoir « tourner » à temps, gérer son effort, et être capable de remonter par ses propres moyens, comme un capitaine doit rester au port si la météo est mauvaise, faire demi-tour si la mer est trop grosse et ramener son bateau sans solliciter d'aide extérieure.

Mes syncopes

Sur dix mille plongées, j'ai dû faire six, sept syncopes. Ce que je vis comme des échecs, même si je suis l'un des seuls à y mettre tant d'affect négatif.

À 14 ans, je sors bleu d'une de mes premières apnées dynamiques en piscine. Je veux tellement réussir à toucher le bord du bassin que je m'acharne, que je ne vois rien venir, et ce sont mes copains nageurs qui me sortent de l'eau.

Ensuite, de 1997 à 2004, je remonte tranquillement de toutes mes apnées, indemne de tout *black-out*. D'une confiance en acier, avec la présomption de la jeunesse à qui tout semble sourire, je me convaincs que la syncope n'est pas pour moi, que je ne connaîtrai jamais cette chute ouatée dans un néant minimal.

Avantage en nature d'un métabolisme particulier ? Capacité à freiner à temps et à rester en dedans ? Refus d'en passer par ce biais vécu comme dégradant ? En tout cas, je signe des deux mains la profession de foi du clan niçois. J'en suis le premier croyant et le pratiquant le plus impliqué.

Me voilà à La Réunion en 2004. Je cherche l'autonomie, je veux mon indépendance affective, symbolique, sportive. Je monte une tentative de record à ma main, à ma façon, hors les murs du cloître niçois. Et c'est là que, malade, je fais ma première vraie syncope. Loïc se moque de moi : « T'as voulu te barrer ? T'as fait une syncope… »

Cela se passe lors d'un entraînement. Je veux aller trop vite alors qu'il me reste du temps. Je suis marqué au fer rouge, psychologiquement. Cinq semaines plus tard, lors de la tentative officielle, je fais une nouvelle syncope. Je suis au fond du trou, avec l'impression que tous mes efforts, mes sacrifices, le risque pris d'aller à l'autre bout du monde, sont réduits en poussière.

Le soir même, la fête prévue pour l'éventuelle réussite est maintenue. Je noie ma déception dans l'alcool, je bois comme un trou pour aller chercher un oubli que je trouve facilement, amnésie en prime.

Le lendemain, Loïc me dit : « Tu t'es manqué ? Ce n'est pas la fin du monde. Il te dirait quoi, Claude ? Il te dirait : "Replonge !" »

C'est ce que je fais trois jours après, avec succès. L'alcool m'a permis de replonger léger, de larguer le négatif.

Entre 2004 et 2006, je fais mes cinq autres syncopes. Période de doute, de questionnement. Chaque fois, elles arrivent quand je suis à la limite ou que je pars dans l'inconnu.

Depuis 2006, plus rien, à part lors de ma tentative des – 127 mètres, en 2013.

La syncope n'a rien de douloureux. On ne se sent pas oppressé, on ne voit pas les choses venir. On part ailleurs sans s'en apercevoir. Ensuite, je ne me souviens de rien. Il s'agit d'un trou noir d'où on émerge sans rêves ni souvenirs. Je me souviens d'une Anglaise, Sarah Campbell, se réveillant de sa première syncope le sourire aux lèvres car elle revenait d'un rêve délicieux !

D'ailleurs, le soir, au bar, personne n'a grand-chose à raconter sur ses *black-out.* Alors que les récits des narcoses et de leurs fantasmagories associées durent la nuit. Il est certain que je n'aurais pas la matière pour faire un film qui s'appellerait *Syncope* et non *Narcose.*

Ma déconnexion la plus profonde ? À – 10 mètres, à Nice. Loïc et Julie m'ont remonté. Ce n'était pas les anges gardiens les moins connectés à ma psyché.

Aux Bahamas, en 2012, je fais – 123 mètres. Il me reste une plongée. Dois-je continuer plus loin ? On me dit : « Annonce le record, tu verras bien. Au pire, tu feras une syncope. » Hors de question. Épuisé, je décide de ne pas plonger et de finir la saison sur un succès.

Je reste très niçois dans mon refus de tenter le diable, dans mon souhait d'offrir le visage avenant et sans pathos d'un champion qui tient debout tout seul.

Le lâcher-prise

J'ai longtemps vécu la syncope comme le summum de l'échec.

J'accumulais le maximum de stress quand tout allait bien, quand tout allait trop bien.

Je ne me donnais pas la possibilité d'échouer et d'autant moins si tout s'était passé parfaitement lors des plongées de préparation. Je me disais : « Avec ce que tu as réalisé à l'entraînement, tu ne peux pas te louper. »

Cette accumulation de stress déclenchait parfois des ratés avec ou sans syncope qui ne collaient pas du tout avec la dynamique positive enclenchée.

Dernièrement, en 2009, grand chamboulement : j'ai accepté la possibilité de l'échec, j'ai accepté de ne pas tout maîtriser, j'ai accepté que je pouvais perdre sans excuse, décevoir ceux qui croient en moi.

Le fils unique qui était là pour exaucer les vœux de réussite de ses géniteurs, qui visait l'excellence, a fait un bras d'honneur aux désirs de ses parents et s'est dit que tout ça n'était qu'un jeu, qu'on pouvait perdre sans perdre l'amour de ceux qui vous aiment.

Mon lâcher-prise n'est pas encore total et ne le sera jamais vraiment tant que je pratiquerai la compétition.

Mais je ne suis pas loin de réussir à me murmurer à l'oreille : « Je réussis ? Tant mieux. Je rate ? Tant mieux. »

Les gentilles sambas

Les sambas sont des syncopes miniatures, riantes et inoffensives si le danseur d'eau ne se mélange pas les pinceaux dans le rituel du protocole et effectue comme il convient les gestes requis lors de l'arrivée à la surface.

En samba, on tremble un peu, on vacille pas mal, on est agité d'une sorte de danse de Saint-Guy. On perd à demi le contrôle de ses mouvements, de ses réflexes, de sa manière d'être.

En samba, on est dans le gaz, on oscille sur le fil de la conscience, mais on parvient encore à se mettre en pilotage automatique et à dérouler les figures imposées. Retirer le pince-nez, faire le signe universel du « tout va bien », pouce et index arrondi, entre zéro des cartes et amour arrondi, puis prononcer distinctement « *I'm OK* » en se tournant vers le jury.

Je ne suis pas très sujet aux sambas, sauf lors des compétitions en piscine. Mais c'est un mot que je chéris pour des raisons sentimentales. La première fois que j'ai tenu Julie dans mes bras, c'était lors d'une plongée à Nice. Elle avait fait une samba et, apnéiste de sécurité, je l'avais réceptionnée avant qu'elle ne parte en vrille.

Trop de confiance égale méfiance

J'ai un mantra que je répète sans me lasser : « Trop de confiance égale méfiance. » Je rabâche ça tous azimuts à mes compères de haut niveau, aux débutants que je forme à la plongée, et pour moi-même, évidemment.

Dans l'univers de la chute libre, du parachutisme, on dit : « Trop de confiance, ambulance. » C'est encore plus clair, encore plus précis. Les moniteurs des airs disent : « Il n'arrivera rien à quelqu'un qui commence, pas grand-chose à un type qui a fait ses trois mille sauts. Le plus délicat, c'est pour celui qui est déjà initié, qui commence à dominer son sujet, qui se croit arrivé et qui va dépasser des limites, qu'il situe mal. »

L'aérien est le jumeau de l'aquatique. Cette gémellité me fascine, et j'ai voulu aller en tâter les analogies et en évaluer les différences.

Cela se passe du côté de Gap, à Tallard. On monte dans un avion, on grimpe à 4 000 mètres, on fait coucou au mont Blanc. Mais quand il s'agit de se jeter dans le vide, quand l'ordre de passage s'établit et que le rythme s'accélère, la tonalité change, la peur gagne.

Dans la carlingue, avec tout ce vide sous moi, je suis blême. Quand vient mon tour, je bloque. Je reste cramponné aux poignées. Tétanisé, je subis un moment de déconnexion dont je suis incapable de me souvenir. Mes instructeurs calment le jeu, me reprennent en main. Et je finis par me balancer par-dessus bord en leur compagnie.

La phase de chute libre dure 50 secondes. Ce moment ridiculement court est d'une intensité folle. Tout est précis, démultiplié, d'une limpidité éblouissante.

J'ai réalisé les sept sauts nécessaires à l'obtention de la PAC (progression accompagnée en chute). J'aurais bien poursuivi, mais tout cela coûte cher et est assez chronophage.

Mon but ultime était d'acquérir assez d'expérience de ce nouvel élément pour tenter le base jump, avec parachute ou *wingsuit*. À défaut, j'ai décidé de voler sous l'eau.

Cet entrebâillement des portes du ciel m'a aussi fait comprendre que le risque n'était vraiment beau que quand il se mariait avec le contrôle, la maîtrise, la domination, et qu'il ne rimait pas avec le « lâchez tout », le « tout ou rien », le « ça passe ou ça casse ».

Trop de confiance ? Méfiance, vigilance.

Je transpose cette philosophie dans mon quotidien. Mon système d'alerte interne se déclenche quand, sur mon scooter, je slalome avec trop d'allégresse entre les voitures tueuses. Ou lors d'un trail, quand j'ai le sentiment de planer au-dessus des difficultés et des cailloux du sentier. La nuit vient, je ne vois plus rien, mais je continue à forcer l'allure, tout à la jouissance de la performance exaltante, avant que la petite lumière de la prudence ne vienne clignoter au fin fond de mon esprit et ne me conseille de ralentir si je ne veux pas risquer l'entorse fatale à ma saison d'apnée.

Est-ce un signe de vieillissement précoce ? Est-ce que cela entrave mon potentiel sportif ? Non, c'est juste la conscience qu'il ne me poussera jamais d'ailes même si j'en ai toujours l'espoir.

L'accident de Loïc

Hiver 2007. Loïc sort brillamment d'une crise existentielle qui l'a secoué les années précédentes. Il avance dans sa compréhension personnelle, voit un psy, s'est remis en couple et commence à oublier l'épisode dépressif qu'il a traversé.

Sportivement, pendant l'hiver, il entreprend une quête à l'ancienne, durcissant les contraintes, revenant à des procédures qu'on croyait oubliées. Il choisit une gueuse archaïque. Il plonge tête en bas, quand il est plus facile de compenser debout. Il porte un masque, quand désormais on enlève même les lunettes. Il ne « carpe » pas avant le départ, quand cette technique permet de compresser l'air.

Il s'agit pour lui de se confronter à des sensations oubliées, de retrouver les gestes perdus des grands anciens, de se compliquer la vie pour se la faciliter ensuite, de charger la barque pour s'alléger ensuite.

Avril 2007. Le printemps revenu, Loïc se déleste de ces handicaps, se contentant de continuer à évoluer tête en bas, ce qui est rare en *no limit*. On le sent fier de ses expérimentations, délié, affûté.

J'assiste à son dernier entraînement le samedi, à – 165 mètres, comme membre de l'équipe de sécurité. Tout se déroule parfaitement. Retour au club. Tandis qu'on se trimbale le matériel et qu'on range les jerry-cans, nous nous croisons un instant et il me dit : « J'ai compris un truc super important. Faut que je t'en parle. Ça va t'intéresser. »

À la cantonade, euphorique, il lance : « En tout cas, je tente – 171 mètres mercredi prochain. Tant pis pour ceux qui ne seront pas là ! »

On se tape dans la main et on se sépare en volée de moineaux piailleurs, comme souvent quand le crépuscule avance et que chacun retourne à sa vie civile, à sa vie sociale, à sa vie amoureuse, heureux de l'après-midi écoulé, décoiffés par le vent, salés par la mer, exténués d'une belle fatigue, et réchauffés aussi de cette fraternité d'équipe moqueuse mais attentive, taquine mais amicale.

L'après-midi, j'appelle Christophe Lyonnard, membre de l'équipe de sécurité, en quelque sorte membre du conseil des sages, qui s'entretient beaucoup avec Loïc sur ses sensations et sa progression. Je lui raconte sa plongée, sa réussite, sa joie. Avant de raccrocher, je me confie avec un brin d'inquiétude : je trouve Loïc trop confiant. Je le charge de tempérer ses excès d'enthousiasme. Est-ce prémonitoire ?

Le mercredi suivant, Loïc revient du fond. Pendant la remontée, le système se bloque. Le contrepoids s'emmêle avec le câble officiel. Loïc reste bloqué à – 85 mètres. Narcosé, il réussit à se délonger. Ça dure longtemps, très longtemps, trop longtemps. Il tente de remonter par ses propres moyens. Il tombe en syncope vers – 30 mètres. On finit par le remonter à bord. Il est trop tard. Il avait 36 ans.

Deuil

Mercredi 11 avril 2007. Je suis dans le train entre Neuchâtel et Bâle. Je me rends à mon premier salon de l'horlogerie pour rencontrer mes partenaires de Ball Watch. Je rate l'entraînement de Loïc, mais il faut bien remplir la malle aux trésors.

Je l'ai eu au téléphone cinq minutes le lundi, juste le temps de discuter. Il était pressé, j'avais l'impression de le déranger, mais on surinterprète tellement *a posteriori*.

Le mardi, je lui ai juste laissé un message pour lui souhaiter bonne chance.

Sur le portable, je reçois un appel de Cédric, mon colocataire, qui assurait la sécurité. Il me dit : « Il est arrivé un accident très grave à Loïc. » J'espère un instant qu'il est toujours en vie, même diminué, même handicapé. Je comprends vite qu'il n'y a plus aucun espoir.

Loïc est mort. Mon monde s'effondre. Je suis dévasté. Tout s'arrête.

Je perds mon héros de proximité, ce devancier qui fait rêver quand on est adolescent, celui qu'on veut égaler, dépasser, qu'on mythifie du fin fond de sa timidité, de son admiration.

Je perds un grand frère qui s'était révélé accessible, complice, protecteur, qui était devenu un ami que je pouvais moi aussi soutenir, rassurer, prendre en charge quand il allait mal.

Je perds un compagnon des profondeurs, un interlocuteur complice et instructif, un des seuls hommes sur terre qui, sous la mer, avait éprouvé les mêmes sensations que moi et qui pouvait répondre à mes interrogations comme je pouvais répondre aux siennes.

Je perds le représentant de l'école niçoise, l'emblème de cette philosophie ludique et joueuse à laquelle nous adhérions sans nuances.

Je perds mon modèle en matière de sécurité, celui qui se gardait toujours une marge, qui refusait la logique de la syncope, qui n'était pas animé par cette compulsion du risque qui voit certains aimer aller jouer les équilibristes sur le fil du destin.

J'arrive à Neuchâtel. Je suis dans le brouillard. J'en suis à me dire que je vais arrêter, que ce n'est plus possible. Je suis l'ombre de moi-même.

Mes partenaires japonais de Ball Watch sont compréhensifs, prévenants, mais ils ont une approche différente de la mort. Ils ne prennent pas les choses comme les Occidentaux. Ils sont plus dans la retenue, dans la distance.

Je les préviens qu'il me faut repartir immédiatement à Nice, que je ne peux pas faire autrement, que j'essaierai d'être de retour pour la fin du salon, le week-end suivant, mais sans rien promettre.

Je ne sais plus où j'en suis. Je joins Christophe. Il fond en larmes, je pleure moi aussi.

Ma mère vit le plus grand choc émotionnel de sa vie. Les journalistes qui veillent sur le canal 16 ont appris qu'il y avait un problème. Ils accourent. Dès midi, il y a un flash info. Le présentateur annonce : « Nous venons d'apprendre la mort du champion du monde d'apnée... » Il s'interrompt un instant qui semble interminable. Il y a deux champions du monde à Nice. Et le speaker continue : « ... Loïc Leferme. » Insupportable soulagement qui côtoie la peur la plus instantanée.

À l'aéroport, les copains sont là. Ils m'entourent, ils m'embarquent. Nous montons chez Loïc et Val, sur les hauteurs de Nice. Nous sommes une cinquantaine à nous réunir sur la terrasse de leur maison. Le choc nous assomme. Val prépare un barbecue, s'occupe de chacun, se dissout dans une suractivité qui la distrait de sa peine, qui l'éloigne du drame, qui recule le moment où elle prendra la pleine conscience de ce qui est survenu.

On entend des guitares, des chansons, des rires, il y a de l'alcool, des pétards. Ce pourrait être une fête. Il y a aussi des mélancolies subites, des pleurs soudains, des étreintes qui n'ont rien de sensuelles, qui sont juste des rapprochements d'humains qui viennent de perdre l'un des leurs et qui ont besoin de se tenir chaud, de se coller à d'autres peaux pour se rassurer sur leur existence continuée, qui elle aussi finira mal, forcément, le plus tard possible.

Tous les soirs, la semaine durant, nous remontons là-haut comme si nous ne pouvions pas faire autrement. Nous nous réunissons, nous mangeons, buvons, chantons, rions, pleurons. Et à tout moment, nous nous attendons à voir revenir Loïc, mèches blondes, démarche chaloupée, air de marin en goguette et fossette rieuse, qui nous lancerait : « Me revoilà ! Tout va bien ! Je vous ai bien eus, pas vrai ? »

C'est le jour des obsèques. Il est dans son cercueil. Je ne le reconnais pas. Je me dis que ce n'est pas lui, que ça ne peut pas être lui. Je n'ose pas le toucher, je refuse de m'approcher. Lors de la cérémonie, Christophe parle au nom de nous tous. Après la crémation, nous nous retrouvons au club en tenue de plongée. Nous allons dans la rade de Villefranche, jetons les couronnes de fleurs. Nous nous mettons à l'eau et formons un cercle. Claude descend à 20 mètres et disperse les cendres.

L'après

Quelques jours après, je replonge sans attendre, au Lido, notre fief, au niveau de la grotte à corail, à – 25 mètres. Claude nous pousse à y retourner, à descendre sans réfléchir, sans bloquer. Il a raison, il n'y a rien d'autre à faire.

Pourtant, je suis dans la panade la plus complète. J'hésite sur la suite à donner à tout ça. Je continue mais suis extrêmement déstabilisé. Mes narcoses se passent mal, signe que le mental est bouleversé.

Mes performances ne s'en trouvent pas exagérément perturbées. Je réussis à cumuler un quatrième record du monde à – 113 mètres l'année suivante et un titre de champion du monde par équipe. Seul Pelizzari, ma référence, a fait aussi bien. Mais je ne prends plus vraiment de plaisir.

Le chemin est long vers la confiance retrouvée. Je mets deux ans à me désengluer de ces interrogations sur mon avenir. Il me faudra attendre 2009 pour recouver une sérénité différente, plus lourde, plus vaste, plus sombre.

Il me faudra ce temps pour accepter le poids de la succession, la transmission de l'héritage. Tant que Loïc était là, il représentait le capitaine débordant d'expérience et de décontraction. Et j'étais le lieutenant prometteur, le jeune qui monte, le chien fou aux ardeurs couvées par la bienveillance du plus ancien. Cette répartition des tâches m'allait parfaitement.

Au plus haut niveau, il y avait Loïc et moi. Maintenant, il n'y a plus que moi, et c'est difficile à accepter, cette entrée dans l'âge adulte, dans l'âge de la responsabilité, dans l'âge de la fin qui approche.

Cette disparition m'aide aussi à m'arracher à une logique très franco-française, à un attachement au rocher niçois.

Je m'ouvre au monde, je pars plonger ailleurs, je m'émancipe. C'est un peu comme des années Erasmus, qui vont me permettre d'élargir ma vision des choses.

12

Ultimes limites (– 10 mètres)

Archimède, le retour

Je suis sur ma lancée. Il ne reste plus grand-chose à grappiller. Ce sont les derniers mètres. Je ramène le long du corps mes bras longtemps tendus en brise-lames au-dessus de ma tête, et consens encore deux, trois mouvements de palme. Pourquoi arrêter cette douce ondulation qui m'est devenue comme une seconde nature et qui m'a servi de moyen de propulsion lors de ce long voyage vertical ?

Archimède est de retour. Il me ramène à la surface avec une constance féroce dont personne ne remarque la fragile impavidité, tant qu'on n'a pas sondé assez profond pour comprendre que le vieux barbu grec ne règne que sur une partie infime des océans, la mer supérieure.

Je jette un œil vers la surface et repère où est positionnée la plate-forme : il s'agit d'émerger face aux juges pour pouvoir accomplir sous leur regard le protocole.

Au fond, je vis sans points cardinaux. Je flotte dans l'incertitude la plus complète. Je ne sais comment je suis orienté par rapport à la rose des vents. Je suis une girouette aveuglée et autocentrée. Je ne sais pas si je suis homme du nord, complètement à l'ouest, assez à l'est ou côté sud.

Cela n'a de l'importance que quand on retrouve la société de compétition, celle qui est dans la consommation des corps, dans la consumation des efforts, dans le jugement des règles respectées et des physiologies préservées.

Je glisse un regard vers le dessus, attentif à l'éblouissement à venir qui déjà me cligne de l'œil. Je me fais guetteur d'ombre, celle de ce tribunal flottant. Je me repositionne afin d'émerger en bonne posture.

C'est le seul moment où je me projette un peu, où je pense à plus tard, où je quitte cet éternel présent où il faut prendre pension complète si l'on veut évoluer en confiance et en constance sous l'eau. Interdit de se noyer dans le passé, impossible de penser à l'après. Sinon, gare…

Souffler

Alors que la libération par la voie des airs approche, je me déleste de ma provision d'oxygène et de CO_2, je vide mon airbag.

Au départ, je suis parti avec les poumons en charge maximale. La pression a comprimé mes aides respiratoires, le *bloodshift* est intervenu, protégeant de l'affaissement mes poumons.

Me revoilà à la fin de ma remontée, en pression descendante. Le sang et le plasma quittent la paroi pulmonaire, les poumons reprennent leur volume. Il faut veiller à ne pas créer une surpression exagérée qui pourrait déclencher des œdèmes.

À mesure que la surface approche, je relâche régulièrement quelques centilitres de ce carburant précieux qui va s'évanouir en hésitantes microbilles dans l'immensité océanique.

Sur les trois derniers mètres, je souffle l'intégralité de mon stock. Cela fait une explosion gazéifiée qui monte au-dessus de ma tête et me précède vers l'issue de secours, comme si j'étais enfermé dans un de ces jéroboams de champagne, aspergeant d'avance le vainqueur sur son podium.

Si je me vide totalement, c'est aussi pour des raisons sportives. Il s'agit de ne pas perdre la moindre seconde quand on est en zone d'arrivée, de ne pas avoir à faire ça en plus, de pouvoir immédiatement inspirer sans avoir à souffler.

Repousser les limites

Dans ces derniers instants, mon champ de vision se peuple. Je vois les palmes des photographes, des cameramen, de l'apnéiste de surface et aussi celles de mon coach, qui n'a pas le droit de plonger mais qui est autorisé à stationner dans l'aire d'arrivée.

La narcose est stabilisée, mais elle n'a pas régressé sensiblement. Je suis encore dans le gaz. Les stratégies d'entraînement comptent énormément pour faire en sorte que ce moment soit le plus confortable, pour reculer le seuil de vacillement, pour s'éviter la honte de la syncope.

L'apnée est un sport jeune. Pour l'entraînement, les théories sont neuves, les débats sont encore vifs. Selon William Trubridge, il faut surtout ne rien faire en dehors de l'apnée : pas de cardio-training, pas de sport d'endurance. Il faut compter sur une bonne hygiène, se mettre au yoga, faire un peu de renforcement musculaire, enchaîner les longueurs en piscine et surtout plonger inlassablement aux frontières de ses limites.

Je suis dans une veine plus classique, à la Pelizzari, même si j'évolue constamment. Il faut un cœur qui bat lentement et un organisme qui fonctionne en économie d'énergie. Il faut donc travailler l'endurance, celle des cyclistes, des marathoniens.

Vélo, ski de fond, piscine

Longtemps, j'ai surtout investi dans les exercices d'apnée en mer. J'y allais cinq fois par semaine, été comme hiver. Aujourd'hui, j'ai un peu ralenti. L'hiver, c'est une fois par semaine ; au printemps et à l'automne, deux fois. Et pendant la saison, en été, j'y vais quasi quotidiennement.

Dorénavant, ma préparation physique est saisonnière. Je m'entraîne avec Rémy Dubern, mon sparring partner et membre de l'équipe AIDA France comme moi. Ayant moins d'expérience, il a décidé de suivre chacun de mes entraînements. Nous formons un duo de choc et nous motivons quand l'envie est restée au lit. L'hiver, je fais du ski de fond, deux fois par semaine. J'ai des dispositions pour cet exercice. Au-delà des capacités pulmonaires développées en altitude, je soigne l'ensemble de mon corps, haut et bas, sans parler de la sensation de glisse.

Au printemps, j'enfourche mon vélo, également deux fois par semaine. Gamin, j'étais fan de cyclisme. Je continue ce travail de fond sur ma petite reine d'enfance dans l'arrière-pays niçois. Je développe ma respiration à partir d'une position fixe, non traumatisante, sans impacts au sol, à l'inverse du footing.

Toute l'année, je m'immerge en piscine, ce qui n'est pas mon exercice chloré préféré. Je fais de l'apnée dynamique horizontale. Je booste mon hypercapnie – ma tolérance au CO_2 – sur de courtes distances,

50 à 75 mètres, sans beaucoup de récupération entre deux, un peu comme l'entraînement fractionné en athlétisme. Pour l'hypoxie, la consommation d'oxygène, j'aligne les apnées longues, sur 120, 125 mètres, qui durent environ deux minutes.

Musculation virtuelle, douleur réelle

En salle de musculation, j'essaie de reproduire les mouvements et les efforts d'une plongée que j'effectue… en apnée.

J'ai mis ça au point avec Christophe, devenu mon préparateur physique en 2012. J'ai essayé de lui expliquer ce que je vivais, ce que je ressentais. Depuis, on simule le même type d'effort.

Yeux mi-clos, je me projette dans mon propre jeu vidéo. Je mime et reproduis les effets du palmage.

En salle, cela paraît bien plus violent, bien plus long. Le virtuel est beaucoup plus exigeant que le réel, car il n'y a ni réflexe d'immersion ni *bloodshift* qui allègent la dette d'oxygène. Je reste bien plus conscient de la violence nécessaire, de la souffrance à investir, car la narcose ne monte pas, qui dilue les sensations et comprime le temps.

Alcalin

Je mange bio et bon, mais je ne me braque pas sur une alimentation au gramme près, sur des origines contrôlées ou sur des accommodements obligés. Je me dispense d'un régime rigide qui m'enfermerait dans une posture ascétique. Je m'autorise des écarts sans me les faire payer par une diète punitive les jours qui suivent.

Je peux m'offrir des ventrées de crustacés tartinés de mayonnaise ou craquer pour des pizzas bien dégoulinantes. Je n'ai pas peur de me mettre la tête à l'envers et l'alcool est un bon starter. Cela dit, ça reste festif, exceptionnel, jamais régulier.

Au quotidien, je privilégie les légumes, les fruits et les féculents. J'essaie de faire mon marché aux alentours, en « locavore » frais du jour.

Mon alimentation est alcalinisante, et non acidifiante. J'évite viandes rouges, laitages et sucre raffiné. Je mets du jus de citron partout. J'aime l'ail, le brocoli, le quinoa, le persil.

Dans mon muesli personnel, dans mon porridge niçois, je mélange des fruits secs, des flocons d'avoine, du millet, du quinoa, des grains de raisin, des baies de goji, des figues séchées, des bouts de banane. Une merveille d'énergie en bol !

À la viande rouge je préfère la blanche et les œufs. J'ai arrêté tout laitage, un peu comme les animaux, qui s'en passent une fois sevrés.

Mon rapport aux poissons est compliqué par la pulsion pêcheuse de Julie, qui adore nourrir son monde de ses prises de guerre sous-marine. Voici venir sars, daurades et surtout dentis, poisson roi de Méditerranée. Celui-ci est ma proie préférée. Mon plus beau spécimen remonté batifolait sur une épave, par – 38 mètres de fond, et avoisinait les huit kilos.

Régime unique

Je suis convaincu qu'on est ce que l'on mange. L'alimentation est le premier poison et le premier médicament.

Une seule fois, je tente un régime, pour voir si ça va me faire progresser dans mon sport et me remettre en accord avec moi-même. Attention, pas un de ces régimes pour perdre quelques kilos, mais plutôt un nouveau mode d'alimentation. Ça se passe en 2009, je suis en pleine phase d'introspection. J'ai découvert Barjavel, je remets en cause ma façon d'être, de me comporter, de me nourrir.

Je tente le régime Seignalet, présenté dans son livre : *L'Alimentation ou la Troisième Médecine*. Pour traiter et prévenir de nombreuses maladies, notamment les maladies auto-immunes, le docteur Seignalet préconise le retour au régime alimentaire ancestral. D'après lui, les enzymes de l'organisme humain ne peuvent pas digérer de nombreux aliments issus de l'agriculture, qui ne remonte qu'à dix mille ans. L'idée est d'arrêter l'encrassement de l'organisme par l'absorption d'aliments allergisants et inflammatoires.

Six grands principes : exclure les laits d'origine animale, exclure les céréales modernes contenant du gluten, exclure la cuisson au-delà de 110 degrés, consommer des aliments bio et prendre des compléments alimentaires.

Je me conforme aux prescriptions sans déroger jamais pendant quatre mois. Je perds du poids sans difficulté et sans le vouloir. Je mesure 1,85 mètre et affiche d'ordinaire 78 kilos sur la balance. Me voilà à 71 kilos…

J'ai moins besoin de dormir, mon esprit est vif, je récupère mieux, et en montagne j'ai l'impression de voler tel un chamois. Les effets sur mes performances en apnée sont moins évidents.

Bientôt, je reprends une alimentation moins stricte, je garde certains des principes mais m'octroie des écarts. Je remonte doucement à mon poids habituel. Je garde un souvenir enchanté de cette expérience, associé à un chamboulement général de ma façon de penser. Légèreté dans la tête, légèreté dans le corps !

J'aime bien être sec, ne pas me sentir trop gros, comme beaucoup de sportifs, mais je me rassure en période hivernale en regardant les mammifères marins qui ne se privent pas d'une bonne couche de gras naturel en guise de combinaison anti-froid !

Médications naturelles

Mon rapport aux médications est très naturel.

J'ai souvent souffert d'otites. Je les traite au jus de citron, pressé contre le tympan.

Je combats les rhumes avec des extraits de pépins de pamplemousse.

À défaut des compléments alimentaires chimiques, je fais des cures de spiruline, une algue d'eau douce, riche en protéines, vitamines et minéraux. Le curcuma vaut détox. Le gomasio, du sésame pilé avec du sel, est le meilleur des condiments soignants. Et je multiplie les antioxydants, la pratique de la plongée créant du stress oxydatif. Je couvre d'huile d'olive première pression à froid tout ce qui me passe sous la main et sans cliquet aucun.

J'ai autant de mal avec les médicaments qu'avec la sédentarité urbaine. La modernité mécanisée génère de l'angoisse et les labos inventent des pathologies pour vendre des antidépresseurs.

C'est le dalaï-lama qui critique ainsi l'Occidental hyperpressé : « L'Homme sacrifie sa santé pour l'argent, ensuite il sacrifie tout son argent pour recouvrer la santé. Par la suite il est tellement anxieux du futur qu'il ne profite pas du moment présent. Le résultat est qu'il ne vit ni le présent, ni le futur. Il vit comme s'il était immortel et il meurt en n'ayant jamais vraiment vécu... »

Combinaison

L'apnée n'a rien d'un sport à matériel. On n'est pas en formule 1, ce n'est pas la coupe de l'America, ni le Grand Prix de l'Arc de Triomphe où l'animal fait la machine.

Pourtant, en plongée aussi, il y a quelques éléments à travailler qui, à la marge, permettent de repousser les limites, à tout le moins de calmer des angoisses qui, parfois, se focalisent sur des détails techniques.

Dans l'absolu, j'aimerais descendre en maillot de bain, quasi nu, pour que l'osmose soit parfaite, que la peau de la mer se frotte à la mienne, pour que la sensation de glisse me savonne de la tête aux pieds, tressant mes cheveux défaits, me chatouillant entre les orteils.

Personne ne plonge en maillot de bain, même dans les eaux tropicales où l'impression de froid ressentie en Méditerranée à mesure qu'on descend est beaucoup moins nette. En fait, l'apnée commande de ralentir l'ensemble des rythmes corporels. Ce qui fait que le corps se refroidit et qu'une mince couche d'isolant est nécessaire pour un confort thermique minimal.

Je porte une combinaison de 1,5 millimètre d'épaisseur, la plus fine possible. En été et dans les pays paradisiaques, cela suffit pour endiguer l'envol des calories. En hiver, à l'entraînement, il peut m'arriver de porter du Néoprène de 7 millimètres.

Mais, en compétition, la difficulté vient de la flottabilité, qui augmente avec l'épaisseur de la tenue. Si, à partir de – 50 mètres, la pression écrase le tissu, tant qu'Archimède s'active, il faut éviter d'évoluer avec de l'air emprisonné dans le Néoprène, qui fait parachute ascensionnel.

Très fine, une combinaison deux pièces suffit bien, avec ou sans maillot en dessous.

La maison Cressi, firme italienne spécialisée dans le matériel de plongée, a équipé Mayol pendant vingt ans, Pelizzari pendant dix-huit ans. Je suis fier de prendre la suite.

Monopalme

Pendant les vacances de Noël, Claude aime jouer les durs de durs. Il est content qu'une petite escouade de convaincus continuent à prendre les eaux. L'idée est de prouver aux embourgeoisés qui font la sieste sous le sapin, le ventre gonflé de dinde aux marrons, que la vie ne se réduit pas à un calfeutrage au coin de la cheminée.

La rade de Villefranche est somptueuse dans sa solitude hivernale, désertée par les touristes pétaradants et autres olibrius estivaux.

J'adhère absolument à cette prise de distance avec ceux qui roupillent avachis sous le gui. Tous les matins, température négative ou pas, nous nous jetons à l'eau, réjouis d'affirmer notre différence.

Le 1er janvier 2000, je suis ravi de descendre en apnée, en cette aube du IIIe millénaire. Le symbole me plaît. Je n'aurais manqué ça pour rien au monde. Je descends en duo à la gueuse à – 55 mètres, avec Delphine, la femme de Claude.

Pendant cette trêve des confiseurs, je découvre aussi les mérites de la monopalme. Jusqu'à présent, j'ai évolué en bipalmes, mais je plafonne. Je teste la monopalme et le déblocage est immédiat. Je gagne 10 mètres en quelques tentatives.

Depuis, cette voie unique de la monopalme s'est imposée à l'ensemble des apnéistes.

Ma première nageoire caudale est une Guidone. Régis Guidone, le fabricant, est un Marseillais au tempérament artiste. Il produit des modèles à l'unité, soigne ceux qu'il aime, chouchoute ceux qui lui plaisent, néglige les autres. Il peut rester des heures en contemplation devant la mer et s'inspirer de la nuance particulière de bleu de ce jour-là pour colorer la monopalme.

Pour définir le dessin le plus efficace, il repère les attitudes des mammifères marins et imagine des formes en adéquation. La tendance des Guidone passera ainsi de la montgolfière du lamentin au croissant de lune dauphin, après un hommage au triangle bosselé de la raie manta. Lamentin, Manta, Delphis, trois modèles de Guidone qui m'ont accompagné lors de ma jeune progression.

Aujourd'hui, Guidone s'est éloigné de cette activité artisanale, même si la tendance raie manta continue à triompher.

Désormais, je palme avec une Oleg, un bijou technologique de quatre kilos.

Oleg Pudov est un Russe, installé à Marseille. Il est entraîneur de nageurs avec palmes. Il possède un atelier au sous-sol de sa maison et apprécie avant tout de réaliser des monopalmes personnalisées.

Quand je lui rends visite, j'ai un peu l'impression d'être un violoniste venu essayer l'instrument qui ne conviendra qu'à lui, avec lequel personne d'autre ne pourra jouer un concerto. Ou Uma Thurman dans *Kill Bill*, qui essaie un sabre exactement adapté à sa physiologie et à son art de tuer, à son envie de découper ses adversaires selon le pointillé…

La principale évolution concerne les chaussons, qui prolongent la voilure de la monopalme. Ils sont réalisés sur mesure. Ils ont gagné en rigidité et adoptent une forme de goutte pour une meilleure transmission à la palme de l'énergie développée par le corps.

Les chaussons sont tous en caoutchouc quand la voilure hésite entre le carbone et la fibre de verre. Le carbone est très réactif, violent, féroce. Il plaît à Trubridge et à Molchanov.

La fibre est plus flexible, plus tolérante, son rythme est plus doux… et elle a ma préférence.

De toute façon, je ne suis pas un grand fétichiste du matériel. J'ai juste une Oleg de rechange quand certains alignent un fourgon entier de splendides prothèses pour mammifères marins.

Pince-nez

Longtemps, j'ai mis un masque. Je pensais qu'en apnée, il fallait voir autour de soi, garder un œil sur le milieu ambiant pour qu'il me soit moins hostile. L'ennui, c'est qu'il fallait souffler de l'air par le nez pour garder une pression constante et éviter que le verre du masque ne s'écrase sur mon visage et que mes yeux ne sortent de leurs orbites.

J'ai eu du mal à passer le cap et à plonger les yeux nus, comme certains grimpeurs escaladent les falaises à mains nues, sans assurance autre que celle de leur autonomie.

Descendre sans masque, avec le regard dans le vague, rend beaucoup plus fragile. Sans la vue, on se sent perdu.

J'ai mis du temps à m'acclimater au pince-nez et surtout à me priver de ce sens majeur qu'est la vision. Je me sentais abandonné dans une campagne marécageuse, recouverte d'un brouillard à couper au couteau.

Pour m'habituer, je me suis halé sur le câble. Cela me donnait la notion de la verticalité qui avait disparu quand j'avais tombé le masque. J'ai remplacé un sens par un autre, la vue par le toucher.

Mayol utilisait des lentilles, mais leur mise en place est complexe et le risque de problèmes existe. Certains utilisent des lunettes qu'ils emplissent d'eau, ce qui évite le problème du défilement de l'onde sur la paupière, mais c'est encore une manière de se défier de l'élément au lieu d'essayer de faire corps avec lui. Parmi les plongeurs profonds, nous sommes quasiment tous devenus adeptes du pince-nez. Seul Štěpánek résiste parfois.

Mon pince-nez est de marque Paradisia. C'est un copain avec lequel je fais du vélo qui le fabrique. Il équipe la galaxie du *mondillo* de l'apnée. L'objet est en résine, avec des patins en éponge sur la partie clip. La forme et la conception en sont standards et la durée de vie proche de l'éternité, si on ne le laisse pas tomber à travers sa poche percée.

Comme tous les apnéistes, je le porte régulièrement autour du cou. Cela me permet de l'utiliser quand je fais des apnées d'entraînement sur la terre ferme, quand je suis en salle de musculation, quand je monte les escaliers quatre à quatre, ou, dans l'avion, quand je profite de la pressurisation qui reproduit une atmosphère montagnarde pour faire de la préparation en altitude.

Mon pince-nez de piscine est d'un bleu fluo assez atroce. Mon pince-nez marin est blanc cassé. Cela lui donne un air d'ossement d'animal sacrifié, comme un gri-gri que m'aurait donné un chef de tribu ami pour me protéger du mauvais sort. Cela peut aussi être comparé à la dent de requin que les surfeurs baladent.

Entre deux plongées, lors des compétitions, je le porte autour du cou, accroché par un petit lacet. Tous les apnéistes font de même, c'est un signe de reconnaissance et de distinction, celui d'une secte d'initiés, celle des hommes-dauphins qui refusent de dire qu'ils y appartiennent.

Plomb de cou

Les apnéistes portent un drôle de tour de cou. Il est fait de chambre à air noire qui contient un lest en grenaille. Il se fixe sur la nuque avec des clips de bretelles de sac à dos. Chaque compétiteur bricole à sa manière ce lest en plomb qui lui fait un collier à faire se pâmer Mme Gravité.

Je me charge d'un poids d'un kilo, qui est adapté à ma combinaison de 1,5 millimètre et me permet de couler à partir de – 25 mètres, – 30 mètres.

Certains préfèrent forcer à la descente et être moins pesants à la remontée, alors ils ne portent rien autour du cou. D'autres privilégient l'accélération initiale, quitte à forcer pour revenir. Alors, comme Nitsch, ils s'entortillent 2,5 kilos sous le menton. Moi, j'ai choisi l'entre-deux.

Profondimètre

Le profondimètre est le frère jumeau de l'altimètre. Les progrès réalisés en miniaturisation et en puissance de calcul en font un mini-ordinateur qui emmagasine les données et les retraite avec pertinence. Le mien vient de chez Cressi.

Je le porte au poignet comme une montre mais ne le regarde pas une fois de tout mon périple, puisque je n'y vois goutte. Sous l'eau, je me fie à mes sensations, qui me trompent rarement. Je ne le consulte qu'une fois à terre. Les données enregistrées par l'instrument sont éclairantes. Elles permettent de revivre mètre par mètre, seconde par seconde, ce qui s'est passé.

L'un de mes repères privilégiés est la profondeur atteinte après une minute de descente. Quand je suis déjà parvenu aux alentours de – 68 mètres, cela va bien se finir. Quand je traîne autour de – 58 mètres, ça risque d'être compliqué, la plongée va être longue et la narcose sera forte.

Compte à rebours

Cinq ou six semaines avant une plongée profonde, je suis un peu comme un alpiniste qui s'apprête à gravir l'Everest et qui va devoir s'acclimater progressivement à l'altitude, en respectant des paliers, en séjournant de camp en camp, redescendant parfois vers des hauteurs moins extrêmes pour se reposer ou résister aux conditions atmosphériques défavorables.

Vers le haut comme vers le bas, la démarche est à peu près la même. Seule différence : tous les soirs, je reviens au niveau zéro et je dors dans mon lit.

L'idée est de s'adapter à la profondeur, mais aussi de préparer son corps à cette épreuve qui est également une expérience heureuse. Je multiplie les étirements du diaphragme, les assouplissements du corps.

Voici le déroulé de ma progression avant ma tentative de record du monde à – 127 mètres, en Crète.

Je commence doucement à Nice. Ça donne – 70 mètres, – 80, – 90, – 95, – 100, – 105. Ensuite, je m'installe en Crète et je poursuis : – 110 mètres, – 110 à nouveau, – 114, – 114 à nouveau, – 118, – 121, – 124 et enfin – 127 que je rate de peu.

Si j'essayais de descendre à – 100 mètres sans préparation aucune, je risquerais une grosse narcose perturbante, un œdème violent, mais cela ne me causerait pas forcément de syncope.

En revanche, si une syncope survient lors d'une remontée dans cette gamme descendante, la sanction est radicale. Il faut quasiment repartir de zéro, comme on réinitialise un ordinateur.

Tout au long de cette désescalade des marches, ma vie évolue, s'épure, se calme. Je me blottis dans une sphère de paix et de concentration. Au volant, je cesse de jurer comme un charretier. Je déconnecte des problèmes immédiats et des irritations passagères. Je m'éloigne, je m'absente, au risque de provoquer des interrogations familiales devant ce désinvestissement, qui n'est qu'une façon de rester tranquillement focalisé sur ce qui importe, de descendre vers la sérénité, d'y retourner un jour sur deux, comme s'il s'agissait d'un territoire connu, d'un univers accueillant.

Cette phase d'évolution douce me met dans une dynamique positive, me réjouit profondément et me fait glisser vers une transe contrôlée qui déclenche les moqueries amicales. Les copains du club qui se lovent eux aussi dans ce rituel des répétitions vers le plus bas rient gentiment au nez de mes émerveillements, de mes débordements d'enthousiasme incontrôlés, de mes orgasmes aquatiques. Ils ricanent : « Oui, oui, moi aussi, je vais faire comme Néry, je vais faire l'amour avec la mer. »

Redéfinir ses limites

Ce qui a déclenché mon goût du défi, c'est une défaite initiale. C'est de me faire battre au fond du bus scolaire, au jeu de qui arrivera à retenir sa respiration le plus longtemps.

Cet échec sans importance m'a poussé à des expérimentations qui se sont révélées décisives. J'ai découvert, au fond de mon lit d'adolescent, que mon corps pouvait toucher ses limites et passer outre.

Chaque fois, j'ai réalisé qu'il ne s'agissait pas d'aller au-delà de ses limites, que je n'étais pas dans la prise de risque ou la transgression, mais que ces limites qui auraient pu m'arrêter ou m'inhiber, je les repoussais et surtout je les redéfinissais, élargissant mon potentiel, dessinant un nouvel horizon physique et intellectuel, sensoriel et mental.

13

Première inspiration (surface)

Choc des cinq sens

La sortie est un choc. Ce choc n'a rien de désagréable. C'est fini, enfin…

Je ne vais pas vous mentir : on est content d'arriver, d'y arriver, d'en sortir, d'en être sorti. Finissons-en avec le mysticisme de la fusion entre l'homme et l'océan, oublions ce rêve macabre d'une disparition au fond des gouffres indigo, accroché à l'aileron du dauphin-frère. *Le Grand Bleu* est loin de nos préoccupations d'humains qui en sont revenus, du mysticisme romantique.

Sortir la tête, pointer le nez, ouvrir les lèvres est d'abord un choc des sens.

En apnée, on perd les cinq sens. En tout cas, on les affadit absolument, quand on ne s'en prive pas volontairement.

Le toucher. Le corps n'est en contact qu'avec un seul élément : l'eau. Il ne touche ni peau, ni pierre, ni pêche de vigne au duveteux mousseux.

Le goût. En bas, on vit bouche fermée, glotte verrouillée, dans un vase ORL clos. On ne mange rien, on n'aspire aucun breuvage, on ne déglutit pas sa salive. Même le goût du sel dont c'est le domaine ne nous est pas accessible.

L'odorat. L'air ne circule pas. Le nez est pincé. On ne sent pas l'odeur de brioche chaude, de café torréfié, de frangipanier hawaiien. On ne sent pas plus l'iode marin, la fumée du diesel des caboteurs, l'approche des îles Sous-le-Vent.

L'ouïe. Sous l'eau, les bruits se diffusent bien, mais ils vous arrivent feutrés, assourdis. Et souvent, le monde du silence fait honneur à son patronyme à la Cousteau.

La vue. Comme je ne porte pas de lunettes et que je baisse le regard, en profondeur, je filtre les couleurs et évolue dans un gris bleuté qui passe de l'outremer à l'outre-noir.

Et puis, voici la surface. La lumière éblouit, tel un projecteur de police surprenant un voleur repris. La réverbération de l'été me cisaille les paupières. Les bruits de la communauté humaine m'écorchent les tympans aussitôt que ceux-ci sont en accès libre et la cacophonie soudaine ressemble à la bande-son d'un film de Godard. Les odeurs de monoï et autres huiles solaires me giclent aux narines, vite saturées par les fumets de nourritures déballées de leur papier alu. Parti chercher le sel au fond du marais inondé, de la marée salante, j'en retrouve à la surface dès que je desserre les dents. Et mes mains battent l'air tandis que ma peau palpite de tous ses pores au changement de décor, aux affronts du soleil, à ceux de la chaleur à fondre.

« Bloque ! »

Revenu à la surface, on a enfin le droit de se remplir à profusion, mais une fois cette première satisfaction obtenue, il s'agit de bloquer sa respiration une ou deux secondes.

Après la première inspiration et le premier blocage, je laisse l'air s'échapper des poumons, mais ne les vide pas complètement. Immédiatement, je les remplis au maximum de nouveau, puis rebloque. La manœuvre est reproduite trois fois avant de pouvoir reprendre une activité normale. Avant de plonger, l'attention est portée sur l'expiration contrôlée et lente. Après la plongée, c'est la maîtrise de l'inspiration qui est la clef.

« Bloquer » évite la chute de tension qui peut saisir, un peu comme quand on passe trop de temps la tête en bas et qu'on se redresse brusquement.

On est un peu comme ces grévistes de la faim qui ne doivent s'alimenter qu'à petites bouchées pour éviter vomissements et reflux. Ils ont interdiction de se goinfrer de steaks frites. Il leur faut d'abord se contenter d'aliments moulinés, prémâchés, liquéfiés, afin que l'estomac se réaccoutume.

Dans l'aire d'arrivée, vous entendez l'entraîneur, les copains, les spectateurs, brailler au nouvel entrant pas encore en phase avec la réalité : « Bloque ! Bloque ! Bloque ! » Ceci afin de l'encourager à rester du côté clair de la force, à ne pas se laisser aller, pour ne pas sombrer du côté obscur de l'évanouissement.

Ce sont les pilotes de chasse qui ont mis au point cette technique pour supporter les vrilles et les piqués de leurs engins volants et résister aux G qu'ils encaissent.

En résumé, après émergence, je maîtrise l'expiration afin de pouvoir sourire de toutes mes dents blanches au jury du concours de beauté marine qui me fait face.

Protocole

Les premiers gestes de l'homme des profondeurs en phase d'atterrissage sont ultracodifiés. Vu l'état de conscience souvent altéré, il faut pouvoir dérouler ses rituels dans un continuum mécanique.

Le compte à rebours s'enclenche. Il va durer quinze secondes, pendant lesquelles il importe de prouver que tout va bien, que l'on a l'esprit clair et que l'enfer bleu dont on revient n'est qu'une invention des mauvais coucheurs.

À la surface, je passe la plaquette de la main droite à la main gauche. La main gauche tient le câble pour me maintenir stable en surface. J'enlève mon pince-nez avec la droite. Et, à l'intention du jury, je joins le pouce et l'index de la main droite, dans un signe universel qui veut dire que tout va bien. Ensuite, je déglutis et je prononce distinctement, en anglais, langue hégémonique, la phrase-sésame : « *I'm OK.* »

Les juges sont attentifs à l'ensemble des éléments, vidéo de la prise de plaquette en bas comme régularité des gestes à la sortie. Ensuite, ils choisissent la couleur du carton qu'ils vont brandir. Blanc, parfait. Jaune, pénalités. Rouge, élimination.

Palier

La vie d'un apnéiste a des accents d'ironie qu'il faut savoir apprécier.

À la sortie, n'importe quel sportif, n'importe quel aventurier aimerait partager avec ses proches et les rares personnes qui l'entourent la joie de son exploit ou la tristesse de son échec.

Tout un chacun qui revient de si bas apprécierait de brasser de l'eau et de l'air, de taper dans les mains qui se tendent, de monter sur la plate-forme et de s'étendre au soleil. Eh bien, ça ne peut pas se faire tout de suite.

Après vingt secondes de célébration, l'apnéiste est encore dans cet état d'extase assez vaseuse qui lui donne l'impression d'avoir marché sur la Lune et d'en être revenu. Il lui faut pourtant descendre dare-dare accomplir ce palier de décompression recommandé par la Faculté.

Il s'agit de stationner à – 6 mètres et d'attendre entre cinq et dix minutes, en respirant de l'oxygène pur.

C'est un moment de solitude et d'autoanalyse, d'apaisement et de réflexion, de retour au calme et d'évasion intellectuelle.

Souvent, on demande à l'apnéiste : « Mais est-ce que tu fais des paliers ? » Et moi de répondre instantanément cette phrase répétée des milliers de fois avec toujours autant de calme : « Il n'y a pas de palier en apnée, car on ne respire pas d'air sous l'eau. »

Je passe sous silence ce palier à – 6 mètres qui ne concerne que les amateurs de grande profondeur, un pratiquant sur dix mille.

La vérité scientifique n'existe pas concernant les paliers en apnée. À tout hasard, avec l'empirisme qui caractérise les pionniers, je vais dans le sens de la sécurité. À titre préventif et pour mieux récupérer, je sacrifie mes premières minutes de terrien et repars pour un dernier bain.

Fœtus

Il y a un parallèle évident entre le retour à l'air libre de l'apnéiste et la naissance d'un enfant. Même s'il faut éviter de trop tirer sur la corde du symbolisme, on peut tenter d'entrechoquer les ressemblances sans négliger les distinguos.

Le fœtus est un être amphibie qui a les poumons remplis d'eau et qui prospère dans son Jacuzzi maternel. Il n'est ni bébé requin, ni apnéiste en poids inconstant.

Il est plus proche du scaphandrier amniotique, vu qu'il est pourvu en oxygène et en nutriments via ce narguilé un peu particulier qu'on nomme cordon ombilical.

À l'heure de naître au monde, le bébé sort, crache d'abord le liquide qui lui obstrue les bronches et avale ensuite sa première goulée d'air. Les poumons enflent, changent d'élément. Ça fait mal au jeune humain tout violet, qui crie sa douleur. Le voilà projeté en pleurs dans cette vallée de larmes pour le plus grand plaisir de ses parents, émus et eux aussi sur le point de se noyer dans les fonds lacrymaux.

La plongée peut être envisagée comme un retour *in utero*, même si comparaison n'est pas raison. Dans le ventre des mères, tout va bien. Tout vient à nous sans qu'il soit besoin d'attendre. La température est idéale et il n'y a strictement rien à faire d'autre que de profiter du temps qui passe.

En apnée, on s'affranchit de l'heure, de la gravité, des lois de la nature. *A priori*, qui ne respire pas meurt… Pourtant, l'apnée prouve qu'on peut oublier de s'oxygéner et en réchapper après avoir vécu une expérience sensorielle ultramoderne dans sa solitude et archaïque, à la fois, dans cette universalité de fœtus reclus et épanoui, ce fœtus que nous avons tous été.

L'apnée est une vie humaine en coupe. Inconsciemment, on remonte aux origines, on se rapproche du centre de la Terre, on revient au creux de la mer. On tutoie la mort qui coupe toute respiration. On descend au plus bas, on va voir le noir au cœur de l'obscurité. Et puis on remonte, on en réchappe. Et on revient à la surface et la première respiration vaut renaissance.

Voilà sans doute la différence essentielle. Le bébé naît. L'apnéiste renaît.

Pour la naissance de Maï-Lou, nous avons choisi la logique hospitalière classique, sans opter pour l'accouchement en milieu aquatique, pratiqué par de rares maternités. Surtout, il n'y avait pas de raison de faire peser sur les épaules de notre fille, dès sa venue au monde, notre déterminisme nautique.

Lors de la naissance, j'étais à côté, tout à fait opérationnel malgré l'émotion, et j'ai réceptionné ma fille à l'orée de sa vie. J'ai pris entre mes mains cette toute petite chose un peu commotionnée par son débarquement, bleue, un peu fripée, assez molle. Je l'ai posée sur le ventre de sa mère. Elle a retrouvé du tonus, a craché comme pour s'éclaircir la voix et a poussé son premier cri.

Remerciements

Un grand merci à :

– ma famille et mes amis pour leur amour ;

– toute l'équipe du CIPA (Centre international de plongée en apnée) et les apnéistes niçois pour leur soutien indéfectible depuis le début de l'aventure ;

– AIDA France et AIDA International pour le développement de l'apnée en France et dans le monde ;

– tous mes amis apnéistes avec qui j'ai partagé des aventures et émotions uniques ;

– mes partenaires sans qui je ne pourrais vivre ma passion au quotidien ;

– la ville de Nice, la plus belle ville du monde et son merveilleux département des Alpes-Maritimes entre mer et montagne ;

– à tous ceux qui suivent mes explorations de près ou de loin et qui me transmettent une énergie infinie.

Composition et mise en page

NORD COMPO
multimédia

N° d'édition : L.01EBNN000312.N001
Dépôt légal : avril 2014